# 奔向希望

## 參與抗戰與建軍復國之路

張華珩 著

# 自序

二十世紀是一個波瀾壯闊的世紀，推翻了我國幾千年的帝制、民國建立、接著抗日戰爭，二次世界大戰、大戰勝利後，自由民主的三民主義與共產極權的國共之爭繼起，大陸與台灣分治，再是台灣民主建設與大陸和平崛起，生長在這個戰禍不斷的時代是不幸也是有幸、時代創造人生、人生也創造時代，此一人生經歷，在終老時期憶苦思甜，心存感念的自覺，也有傳承給一向僅生活在昇平時代後人的價值。歷史是遞嬗的、二十一世代的讀者，對父親、祖父生活的二十世紀歷史文化底了解，於智慧的吸取，仍是有意義的。

要奔向希望必須有理想主義者抱負與胸襟，需在成功與困頓中不會迷失自己，一步一步不停往前走，更需堅強面對日新又新生命變幻無常的挑戰，剛毅地緊追自己的直覺與理想。用理則學的思維邏輯，堅定「奔向希望」的決心。

回憶錄的撰寫使我重新回味那個逝去顛沛流離的年代、讓自己再融入其中，重享愁與樂，很多過程覺得也頗值後人了解與認知，作參考註腳。惟因時隔多年，考證難以週全、差誤之處，尚祈見諒指正。

張華珩　二〇一三年（民一〇二）三月

# Contents
# 目次

# 壹、古城揚州　兒時回憶

## 古城揚州

北郭清溪一帶流，紅橋風物眼中秋，綠揚城郭是揚州……（清王士禛浣溪沙、紅橋懷古）。故人西辭黃鶴樓，煙花三月下揚州（李白）。我是一九二四（民十三）年農曆五月二十九日在揚州舊城九巷出生。曾祖父穎之公、祖父葆仙公、父爵五公，母丁氏。我祖籍江蘇泰興三鳳堂張氏，家父時代遷居揚州。

揚州係文化古都，始建於春秋時代的邗城，揚州古運河以春秋邗溝為基點，隋煬帝費六年時間，動員民工數百萬，建成北京至杭州南北大運河，全長二千七百公里，是蘇伊士運河的十倍。

當時每年萬石漕糧，和江淮物產，經運河輸往關中與華北、揚州居運河樞紐，因以「繁華昌盛、水郭帆檣、古渡鼎沸、十里長街、夜市千燈、商賈雲集、文士薈萃」詩人李白、杜甫、文士歐陽修、蘇軾均在揚州留下千古名言、使揚州成為帝王眷戀，文士嚮往的城市。

在歷史上揚州也曾遭遇過多次浩劫，最慘烈的當為明末史可法「數點梅花亡國淚，二分明月故臣心」忠勇抗清的揚州十日，清兵屠城，直到清乾隆、康熙時代，揚州因運河鹽運之利，繁華再起，但清末民初，海運取代了運河，揚州頓時又繁華失落，接著抗日戰爭、與中共建政，三反、五反、文化大革命、揚州長時期進入了貧困暗淡時代。繼而中共改革開放有成。二十一世紀初，揚州城市建設，有了重大發展，並恢復了「街垂千步柳，夜市千燈」景色，現在揚州是聯合國鑑定最適宜人居的世界城市之一。藉我國古運河遺徽，二〇〇九年九月，世界十四個國家，五十二座運河城市市長，曾聚集揚州，舉辦「世界運河名城博覽會及市長論壇」並為博覽會籌設於揚州的永久會址奠基建館。揚州已逐漸恢復文化古城風貌，並成為一座既傳統又現代化的城市。

# 兒時回憶

揚州文風特盛，具崇文尚德傳統，家父母也特別重視兒女教育，早在二十世紀初，我四歲啟蒙，小學二年級開始，與家兄華炎從一位接受西方教育的朱鸞女師補習英文數學。每逢寒暑假，且要回到張善甫先生「私塾」就讀四書古文。父親在上海有一位國學造詣很深的知交李兆芝先生，每次從上海回揚州，特別邀到家中，對我弟兄三人命題作文一篇，再將成績評報父親。我十歲時，父親寄給我們弟兄照片一幀，並題辭勉勵，後抗日戰起，父親在安徽蕪湖，與我們音訊中斷，此時我們常望著父親照片，便熟讀了父親的題詞：

「作客他鄉，衣食所困，無恆產者，大都如斯，余既遠遊，兒輩教養，難以兼顧，爰攝小影，寄示諸兒，見圖如見親，望汝等學業猛進，爾其勉旃。」

我初小二年級是在揚州府廟女校，後來母親認為我們男童不宜繼續在女校成長，記得母親曾經向女校何校長多番拜訪懇求，方獲得學校同意發給轉學證書，當時家兄華炎在府廟是四年級升五年級，我原是三年升四年級，家教朱老師鑒於我與家兄補習的英文、數學程度相同，乃建議我與家兄同樣投考城西小學五年級並錄取。我們分編兩個不同班級。

## 小學鄭森棨導師

我班級任導師鄭森棨先生，五十多年後，我們在台灣重逢，當時同班同學姚寧一，同屆同學厲鼎芬，范震等共有十多位，每月在台北相聚，大多時間是中華路以揚州菜聞名的郁坊小館。此時鄭老師已九十高齡，從中國國民黨中央黨部社會工作會副主任退休。師生之間，情深意摯。

## 平中江上青導師

一九三四年我城西小學六年級上學期結束時，適揚州贊化宮平民中學春季班招生，我再一次跳級報名投考平中初一錄取（平中後改編新華中學），當時我班級任導師兼國文教師係江上青先生，江老師平時好著中式長衫，戴深度大圓形眼鏡，文質彬彬，談笑風生，他當時還主編一份叫「寫作與閱讀」的刊物，我印象深刻的是教我們關於「的、地、底」應用的區別與關係。江老師弟弟江樹峰也在平中教課，江老師說他弟兄名字係依唐詩「江上樹風青」起的。一九三七年冬揚州淪陷日軍前，學校停課，江上青老師向同學表示，可寫信介紹我們到陝西延安進抗日大學，並說他不能親自帶我們去，因為這樣政府要抓他，抗日大學的吸引力雖強，但是對一些初中少年而言，延安實在太遙遠，似乎少人成行，六十多年後，兩岸開放，始悉江老師原是老共產黨員，與開放後的中共主席江澤民有情同父子的叔姪關係，江老師於抗戰早期，即在蘇北因抗日戰爭為國捐軀。

我幼年時代（一九三〇—三七）揚州愛國民主風潮很盛，起初流行民謠如「打倒列強，打倒列強、除軍閥、除軍閥、革命革命成功、革命革命成功齊歡唱、齊歡唱」，接著一方面是沈鈞儒、鄒韜奮、李公樸、章乃器、史良等所謂七君子民主風潮，一方面便是抗日救國運動，街頭劇如「放下你的鞭子」，流行歌曲有「伏爾加船夫曲」、「月光曲」、「松花江上」後來流行「義勇軍進行曲」（一九三五年聶耳作曲、田漢作詞，此曲後來被編為中共國歌）、揚州的書店在原有「商務」、「梅枝」書局外、新的書店如生活書店等興起，也多了一些青少年讀物，除上海申報星期增刊外，有「星期雜誌」、「生活周刊」使我們對民族精神，民主意識有很大啟發作用。

# 國民新生活運動

一九三四年軍事委員會蔣中正委員長號召國人奮發圖強，提出了「國民新生活運動」，在當時揚州對新生活運動的推行特別熱烈。我們中小學生均參加運動，因而對我這個年方十歲幼童成長也有很大影響，新生活運動係以「禮義廉恥」為主題，春秋戰國時代管仲提出「禮義廉恥，國之四維，四維不張，國乃滅亡」，這四個字，幾千年後仍是治國強國的基本要義，並切中我國時弊。蔣委員長將這個運動生活化，提出了「整齊清潔、簡單樸素」為國民生活基本要求，同時對禮義廉恥作最通俗的闡釋，「禮是規規矩矩的態度，義是正正當當的行為，廉是清清白白的辨別，恥是切切實實的覺悟。」後來抗日戰起，又作更戰鬥化的闡釋「禮是嚴嚴整整的紀律，義是慷慷慨慨的犧牲，廉是切切實實的節約，恥是轟轟烈烈的奮鬥」。緊接民主運動與新生活運動之後，抗日戰爭的烽火，乃在全國掀起。

# 貳、抗日戰起　流亡學生

## 日本侵華

日本政客與軍閥對中國侵略早有野心，一九二七年日本田中義一內閣即提出「欲征支那，必先征服滿蒙，欲征服世界必先征服支那」的侵略方針，並制訂侵略中國大陸政策綱領上奏日本天皇，此即歷史有名的「田中奏摺」。一九三一年日本首先發動了侵佔我國東三省的九一八事變，繼勾結漢奸殷汝耕在華北成立「冀東自治政府」，後殷汝耕被中央政府逮捕槍決。一九三二年日本在上海又挑起一二八事變，我十九路軍奮起抵抗。此時我國政府基於中日國力懸殊，軍事委員會蔣中正委員長乃提出「和平未到最後關頭，絕不放棄和平。犧牲未到最後關頭，絕不輕易犧牲」策略。一方面對日進行外交抗爭，一方面對內整軍經武，充實國力，尤其對國共之爭，主張先安內後攘外。

在安內方面，一九三六年發生兩件大事，先是六月兩廣事件，陳濟棠宣佈抗拒中央，所幸兩廣空軍由黃光鋭、劉炯光率隊全部飛南京向中央投誠，陸軍李漢謀也通電擁護中央反對割據，兩廣事件因而平息，民間傳説陳濟棠事變前曾請卜問卦，卜者告以「機不可失」，陳認為事有可為，乃冀然發動政變，後來兩廣空軍駕機投誠中央，陳濟棠頓悟「機不可失」真意所在，見大勢已去宣佈下野。

劉炯光係兩廣投誠中央空軍領導人之一，歷二十年後一九五五年劉由空總後勤署少將署長調升國防部第四廳中將廳長，我當時在國防部第四廳任上校副組長，追隨一年多以後蒙劉炯光廳長保升我為第四廳少將編階組長，劉廳長中英文俱佳，學養深厚，極受當時國防部俞大維部長賞識，俞部長差不多一兩週飛金門視察一次，均指定劉廳長隨行，對有關外島戰備與美國軍援事宜與部長配合很好，卓著功績。兩廣事件甫息，接著一九三六年十二月又發生張學良、楊虎城在西安劫持中央軍事委員會蔣委員長的「西安事變」，據悉蘇俄史達林主席從國際大局著眼認為唯有蔣委員長方能領導中國抵抗日本侵略，故指示中共不能傷害。周恩來乃親赴西安說服張楊，並晉見蔣委員長，事件遂告平息，蔣委員長平安回南京舉國歡慶，我們學校老師帶著高年班同學將鞭砲掛在旗杆上點響後，直升天空。

## 抗日戰起

日本軍閥眼見中國在蔣委員長統一領導之下，軍事實力日強，侵華野心圖謀益急。一九三七年七月七日先在華北發動「七七」盧溝橋事變，並發表「三月亡華」狂言，繼於八月十三日在上海挑起了淞滬會戰，我國全面抗戰於焉開始。我抗戰最高統帥部軍事委員會蔣委員長號召全國「國家至上，民族至上，意志集中力量集中，軍事第一勝利第一，抗戰到底決心」一九三七年七月二十二日中國共產黨也發表了「共赴國難宣言」表示「願意服從三民主義，為實現三民主義奮鬥。」「願意取消暴動政策，取消蘇維埃政府」「改編紅軍為國民革命軍（即國軍）接受國民政府軍事委員會管轄」建立了國共（國民黨與共產黨）推翻滿清第一次合作後的第二次合作。

接著八一三淞滬會戰國軍投入精銳兵力七十個師與日軍經三個月浴血苦戰，國軍方自上海撤退，日本「三個月亡華」的迷夢粉碎，我舉國上下燃起了抗戰到底必勝必成的信心，也贏得了國際同情與敬佩。日本請德國駐華大使陶德曼與我就地言和，為蔣委員長嚴詞拒絕，並宣佈自南京遷都重慶，此時日本開始轟炸南京，揚州也遭受空襲，十二月南京失陷，日軍大肆屠殺姦淫虜掠。揚州淪陷日軍以前，母親率領我兄弟三人，受邵玉珊、邵冰如父子協助逃亡揚州北鄉酒甸鎮避難，迨秩序平靜回到揚州城，母親不願我們兄弟受日本奴化教育，決定哥哥華炎去上海租界就業，我則由揚州經鎮江、蕪湖，渡江到含山縣運漕鎮，與當時自蕪湖也因抗日戰亂避難運漕的父親會合。

## 奔向抗日自由地區

運漕是皖中通長江南岸蕪湖的重鎮，日軍佔領蕪湖以後，也曾到運漕燒殺搶掠，隨即退出。所以當時屬國軍防守的自由地區。父親在蕪湖經商時在運漕有投資，當然也未能免於日軍入侵時的劫掠，父親避難運漕整理劫後殘餘，平時則與當地父老多所盤桓，並特別選擇居住一位較有地方勢力程家後宅的閣樓，入晚則在後樓掌燈讀書自遣，父親暫居此連電燈也未設的陰暗危樓，主要在借重程家地方勢力，且出入人口多，對當地強梁可隱匿身份，以策安全。我到運漕後與父親白天拜訪地方父老長輩，入晚即在這座殘舊閣樓陪父親夜讀，以陸放翁詩集印象最深。閣樓往日從未有人入住，因此我與父親夜讀時常有兩隻帶黃白色的小狐出沒嬉躍於地板上，父親要我不要去理它們，大家倒也相安無事，但對此活躍情境至今我還是歷歷在目，未能忘懷。程家在運漕鎮是望族，父親另外認識兩位程先生，一是程逸如先生，學養深厚，自視也高，兒女在外埠均讀書有成，不意獨生子婚後早歿，媳婦尚無所生，自請歸寧，女兒學成，在當地不容易選擇適合對象，與父親相依為命，有次早晨我銜命探訪、逸如先生正長跪佛壇，含淚早課，仍為獨子的早喪感傷欲絕，讓我深深體味到所謂造化弄人。另一位是程璞如先生，當時為商會會長，為人圓和，兩年後運漕已為日軍正式佔領，我從敵後霍山回揚州，欲上慰剛喪妻失子（我長兄華炎）的父親，先經運漕日軍佔領的淪陷區，我從程府後院，投奔璞如先生，承其慨然為我簽發一張運漕的良民證，方能公開露面，經蕪湖而揚州，此時當地日軍如果發覺我係國軍地區流亡學生，我會立刻被捕，璞如先生也將受到牽連。

回想在運漕這段時間，我們父子團聚，很享受深摯的親情，我也從父親學習到好讀書的習慣，與不尚虛榮及虛懷內斂的庭訓。

## 母親訣別之夜

父親決定要回揚州了，我也決志投奔百里外的古河鎮，插班安徽省立第三臨時中學做流亡學生。父親要我出發前先回揚州面稟母親，否則母親看到父親隻身回揚州怕會向他要兒子，我於是趕回揚州，母親也贊同我的少年壯志，當晚母子牴足同眠，母親不斷向我依依話別，而我於不知不覺中卻矇然入睡，但母親那晚親切底慈影卻永遠銘記我心。熟料母親於一年後，就因長兒華炎的病故，而相繼感傷棄世，那一夜也就是我與母親永訣前的最後一夜了。可我現在無論如何也記不起，第二天早晨是怎樣向母親辭別的，母親又是怎樣依依不捨向我送別的，當時我的心靈還是那麼幼小，怎能體味母親那一時刻內心底沉重與苦澀。

## 抗日流亡學生

由揚州回到安徽含山運漕，再拜別父親。一九三八（民二十七）年初，我孑然北上古河安徽省立第三臨時中學入學，那時我年十四歲，這正是一個青少年應在自己家庭孕育成長的時期，但我必須離鄉背井，只是為了一個強烈地愛國報國的嚮往。古河入學不久，某日學校集合我們同學宣佈我國抗日戰爭，今年四月，國軍在蘇北台兒莊曾有大捷，殲滅日軍兩個師團，但現在徐州武漢相繼失守，我們當地國軍也要放棄古河，學校已無法維持，必須停課。我們是絕不願意重回已被日本佔領的故鄉淪陷區，當然也不願就此放棄抗日救國的願望，此時一些無家可歸而又熱心報國的老師，主動率領著我們一群也是無家可歸而又對國家前途滿懷希望的流亡學生，我們隨著抗日救國的潮流，不計成敗，不畏飢寒苦難向自由祖國的自由地區流亡，我們由皖東沿巢縣、舒城、合肥、長途跋涉數百餘里，到達皖西霍山，進入自由祖國國軍防守的抗日基地，大別山區，尚幸政府在霍山新成立了「安徽省立第五臨時高級中學」，後來又設立「蘇皖聯立政治學院」收容我們這些流亡學生，免費供給食、宿與教育。流亡學生生活條件非常艱苦，吃豆渣、穿破鞋、單薄衣襖，且常三餐不繼，同學病故的不少，流亡學生被戲稱「丘九」，意思是生活條件被當兵（丘八）還要差一級，但同學仍學業不輟，勤學不倦，當時校舍均是竹筋泥構造，秋冬季節寒風颯颯，夜晚學生仍在教室用桐油與紙芯作燈，每人案頭一燈，若明若熄，書聲啞啞，我們自己也有入耳淒厲的孤苦之感。

一九三九（民二十八）年夏，忽然接到父親的信息，哥哥華炎和母親相繼離世，我便利用暑假和一群皖東流亡同學長途跋涉回到含山運漕，承程璞如先生慨助，取得一張當地的身分證明，再經蕪湖、鎮江回到揚州，與父親和弟弟華芳相見，並到城郊法海寺白塔附近母親和哥哥之墓前祭拜。當時汪精衛認為抗戰無望，已與日本妥協，成立了南京和平政府，江浙民間多已分不清敵我，父親在失去愛妻長兒傷痛之餘，面對我在敵後自由地區的艱苦生活，但並不氣餒，可也不欲明白鼓勵我重回抗日戰區，祇是淡淡問我「還要不要去呢？」而我們父子一致的默契，是不留在日本淪陷區做亡國奴，因此在揚州僅停留短短數日，父親在自己投資的恆和布局為我新製了學生裝，買了新球鞋，讓我重新踏上了參加抗日戰爭的征途。

再回到學校，一九三九年我正式被介紹參加了中國國民黨，入黨介紹人是校長張希孟先生，並得到重慶國民黨中央黨部的批覆，核定我於民二十八（一九三九）年十一月入黨。

# 參、從軍報國　艱苦抗戰

## 初任陸軍少尉

應田書城同學之邀，我放下了艱困辛苦的流亡學生生活，從皖西大別山區，滿懷新希望地投向皖北蘇魯皖豫邊區。邊區總部設於臨泉，總司令湯恩伯將軍，副總司令兼十九集團軍總司令陳大慶將軍。抗日戰爭已進入第三年頭，在臨泉得田書城同學介紹承邊區黨政分會蔡書海先生推薦，我參加了駐防阜陽插花廟的軍政部徐海招募處，初任陸軍少尉，招募處的任務係招募新兵予以入伍訓練後，撥編正式戰鬥序列，處長洪顯成將軍係黃埔一期，曾任蔣（中正）總司令時代的侍衛長。富有學識根基，也非常資深，早年當團長時，石覺曾係他的第三營長，現在石覺將軍已升任第十三軍軍長，後來招募處兵員募足，奉令編成一個師，洪將軍被派任師長，並率部向河南西進。徐海招募處則奉令擴編為蘇魯皖豫邊區招募總處，轄三個分處，李宗鑑中將接任總處長，改組時我原由徐海招募處劉覺民參謀長選派隨同到師屬第一團任上尉。但我沒有到差，仍舊留在邊區招募總處處部工作。總處長李中將係資深川軍將領著有戰功，也期望完成招募任務後能有機會重掌兵符。李中將每次從阜陽馬寨處部，到臨泉總部述職，都喜歡策馬夜行，凌晨到達臨泉，先去浴室泡澡，等上班時間再去總部。我曾奉派騎馬隨行多次，有一次在浴池，李將軍向我說「劉伯承我們交過手（意思是對陣交戰），並不怎麼樣」顯見他壯志豪情未減。記得一九四九年二月我從北平突圍，經西北，六月抵重慶時、曾專程到大竹觀音橋，拜謁己退隱故鄉的李將軍，當時國軍徐蚌會戰新敗、正與共軍沿長江對峙，我認為西北方面甘肅、寧夏、青海馬家軍封建的本質，很難抵禦共軍滲透攻勢。西南方面四川、西康也沒有當年抗日戰爭精誠團結的中興氣象，我深信反共大局勢將底定於我國東南、我力勸李將軍攜眷離川，赴香港或台灣。而李將軍則頗思重披戰袍，自信祇要政府給他番號，他可以在家鄉號召子弟編組反共武裝力量，保衛四川，我們商議結果，由李將軍上書湯恩伯將軍請纓，由我持赴上海面呈湯總司令，李並囑我先見萬建蕃老參謀長從中建言，李將軍並吩咐家人賣一石穀子，助我旅費，很遺憾我由重慶沿長江三峽下行，到宜昌、浙贛鐵路已在南昌中斷，我不得不終止上海之行，也未能達成李將軍上書請纓的任務。李將軍一家如何面對共軍入川後的清算鬥爭，懷念不已。

在軍政部徐海招募處工作時期，還有一位副處長陳嵐峰將軍，改組招募總處時，留任副總處長，陳將軍畢業日本士官學校，與湯恩伯總司令有同學之誼，抗戰勝利後，陳被選任台灣籍中央監察委員，其原籍台灣宜蘭的身份方始公開，二二八事件後，陳以閩台監察委員身份，曾與國防部長白崇禧將軍奉蔣（中正）總統親命，來台對當地同胞進行安撫宣慰。陳嵐峰先生敦厚寡言，不長於政治運作，時當政府遷台之際，對台籍將領與政要正借重方多，但陳並未風雲際會，在台北濟南路配有一幢官舍，接待川流不息的宜蘭鄉親，生活很是清苦，當時二二八事件仍有許多未了案，陳嵐峰監委對宜蘭鄉親義無反顧地救了不少生命與牢獄之災，至今宜蘭市尚有一條紀念他的嵐峰路。前徐海招募處長洪顯成將軍也來到台灣，在中壢借住克難眷舍一戶，洪將軍經常往來台北，均係在我龍江街國防部龍江新村眷舍，臨時設榻小住。

# 陸軍第九七軍

一九四三年中，招募總處兵員充足，奉令撥編新成立的國軍暫編第一軍，我也以陸軍少校，被調派暫一軍軍需處，軍長王毓文將軍，軍需處長吳本一上校。曾受蘇北共軍襲擊新從蘇北移防皖北的國軍第三十三師段海洲所部，也編入暫一軍建制，後來暫一軍番號改為第九十七軍，駐防安徽蒙城董集，並與日軍在渦（陽）蒙（城）作戰。王軍長毓文將軍，出身山西世家，日本士官學校畢業，有儒將之風。來台灣後，曾隨陳大慶將軍在國家安全局任職一段時期。

一九四四年三月我在九十七軍代理軍需處被服科長，曾代表九十七軍出席第十戰區軍需會議。有機會重回立煌，感受到無論在大別山區的立煌，或蘇魯皖豫邊區的臨泉、阜陽這些敵後第一線抗日基地，均充滿抗戰建國必勝必成的朝氣。立煌舊稱瑞金縣，早期曾係中共蘇維埃政府基地，係國共交戰中共失敗時，向西北延安轉進，所謂「二萬五千里長征」的起點。

## 抗日戰局好轉

抗日戰爭的情勢，此時已有轉變，日軍雖佔領我廣大國土，從我國東北、華北、華中、華南所有重要城市點線均為日軍佔領，但城市周圍更廣大鄉鎮點面，則全為我軍據有，我軍並不斷發動遊擊戰。加以自淞滬激戰以後，再歷經一九三八年台兒莊會戰，日軍被殲兩個師團。一九三九年十二月廣西南寧崑崙關之役日軍被殲四千餘人，指揮官中村正雄少將擊斃。一九四一年長沙會戰，被殲日軍達五萬人，一九四三年常德會戰時，再損傷四萬餘人，日軍已有深陷泥淖不能自拔困境，而我國雖軍民亦死傷累累，但愈戰愈勇。蔣（中正）委員長更適時發起「一寸河山一寸血，十萬青年十萬軍」，號召知識青年從軍抗戰，後方各大學學生一時風起雲湧，編成青年軍七個師，投入國內，及緬甸美英盟軍戰場。同時美國陳納德將軍所率美國志願隊與我方空軍戰兒編成中美空軍混合大隊，頓使日軍在中國領空失去空中優勢。

一九四三年中，國民政府主席林森逝世，蔣委員長膺選繼任主席，十一月蔣（中正）主席偕夫人赴開羅，與美國羅斯福總統，英國邱吉爾首相舉行會議，商定對日作戰方略，發表共同宣言，要求日本無條件投降，對日本所竊取中國領土，例如東北四省、台灣、澎湖群島均歸還中華民國，其他日本以武力奪取土地務將其驅逐出境，朝鮮自由獨立。蔣中正主席提出保留日本天皇制度，亦被英美採納。至各國於滿清及民初時代對我所簽不平等條約，包括各種治外法權等，則前於一九四〇年十一月中美、中英所簽平等新約已宣佈一律廢止與放棄，中華民國與美、英、蘇被併稱國際四強。

## 二次世界大戰勝利

繼開羅會議之後，美國總統羅斯福、英國首相邱吉爾、蘇俄主席史大林為結束歐戰，曾在德國波茨坦會議再度發表宣言，確認開羅宣言之條件必須實施。要求日本無條件投降，台灣、澎湖歸還中華民國，朝鮮自由獨立。約五十多年後，我有幸於二〇〇二年八月與德國好友Mr. E. Hennlich同遊德國柏林時，於觀光柏林圍牆遺址後，曾搭火車至波茨坦參觀歐美三巨頭波茨坦會議現場，及波茨坦宣言複製文件。

正當美國麥克阿瑟將軍以菲律賓為攻擊日本本土前進基地計劃跳過台灣，逕取琉球，作為登陸日本跳板，在太平洋展開對日越島攻勢，同時我國國軍在全國各戰區也積極展開對日攻擊，並在美方支援下成立四個方面軍。計劃從我國東南發起對日全面反攻作戰，我第二方面軍并已收復南寧，第三方面軍收復柳州。日本首相鈴木貫太郎仍誓言保衛日本本土戰鬥到底之時，一九四五年八月六日美國第一枚原子彈於日本廣島投爆，死難達二十三萬人。繼續向日本勸降無效，遂於八月九日第二枚原子彈在長崎投爆。日本天皇終於一九四五年八月十四日宣佈向中美英蘇無條件投降。承認戰爭錯誤。我國蔣中正主席立即宣示對日「以德報怨」除嚴懲日本軍閥，不與日本人民為敵，並將安全遣返所有投降日軍及在華日本僑民。

一九四五年八月十四日抗戰勝利日，我正隨軍自蒙城移防阜陽、軍部當夜接到重慶軍事委員會限四小時到急電，命令九十七軍隨十九集團軍總部沿徐州津浦線北上山東青島，接受青島日軍投降。同一時間原蘇魯皖豫邊區總部則宣告結束。此時適第三方面軍司令官湯恩伯奉令率軍進駐上海，並成立京滬衛戍總司令部，安徽臨城邊區總部的舊屬乃紛紛請調上海。我也因回鄉心切，亦同時請調上海工作。九十七軍由阜陽向徐州出發時，我因已請調上海，未隨軍北上，先到了蚌埠，並有機會由日軍師團軍需部長一位大佐陪同視察日本降軍軍營。當時日本官兵雖駐在營區，但均進駐帳篷，我進入帳篷時，在篷內休息的日軍被一聲口令立刻向我就地行跪拜禮，跪拜的面向並隨著我進出帳篷的方位移動，視察完畢，我邀請日軍大佐晚餐，飯畢大佐請求我伴送他回營，因為日本官兵當時如果在馬路上行走，會受到我國國民，特別是兒童擲石子攻擊。

由蚌埠赴上海之前，我先回揚州拜見父親。國軍尚未抵揚州受降，所以城防仍由日軍擔任，我以一位國軍軍官身份進揚州城，城門口一列日本衛兵，原持槍端坐長凳，面對城門，看到我進城時，在衛兵司令口令下，立刻全體肅立致敬，記得抗戰時期，日軍攻佔我城市，凡國人進出城門時，都必須向日本衛兵脫帽鞠躬行禮。勝敗的情境，如此互見。

## 接受日本投降

一九四五年九月二日，美國麥克阿瑟元帥在米蘇里軍艦代表全體盟軍接受日本投降，承認戰爭錯誤，中華民國派徐永昌為代表在受降書簽字。同年九月九日我陸軍總司令何應欽將軍代表中華民國最高統帥及盟軍在南京接受日本投降。

其實日本民族反戰聲浪雖在日本軍閥嚴厲控制下仍是連續不斷的，有東方拜倫之譽的日本女詩人與謝野晶子，早在一九〇四年因為胞弟被征調參加在我國旅順的日俄之戰（日本與俄國為爭奪在華帝國特權利益所引起在中國土地上的戰爭）所發表一篇動人反戰名詩可為代表，詩文如下：

「啊，弟弟，我為你哭，你絕不可死。生為末生兒，父母深疼愛，從未曾教你，握刀去殺人。養你廿四歲，不為教殺人。

堺港舊城市，吾家誇老鋪，你當繼祖業，慎勿輕生死。旅順城將陷，不陷又如何，我家世經商，不豫征戰事。

你絕不可死，天皇居九重，征戰不親臨，殺伐血成河，死淪畜生道，猶以死為榮，聖心稱仁慈，為何忍坐視？

啊，吾弟你在戰場，慎勿輕生死。爹爹去秋逝，寡母獨守家，子離家蕭索，雖然稱聖代，頭上白髮增。

暖簾影下泣，弟媳日夜悲，你尚記憶否，新婚才十月，少女情何堪，唯望再團圓，此外更何求，你慎不可死。

## 原子彈止戰效果

一九三七—一九四五年中日戰爭與二次世界大戰日本敗降以後，由於蔣（中正）總統「以德報怨」的政策感召，加之中日兩國文化淵源流長的親和性，兩國人民的友好關係能以繼續發展。

總之戰爭是殘酷的，造成無數親人生離死別。現代戰爭立體化，幾乎沒有前方後方之分，災禍更為擴大，美國對日本廣島、長崎兩次原子彈投擲，造成日本民眾數十萬傷亡，但因此也促成了日本無條件投降，提早戰爭的結束。它避免了太平洋海域和日本本土，美日雙方更大作戰傷亡。而我國與在華日軍因我反攻作戰，雙方必然的重大傷亡，與國內許多城市和國民、所將面臨的戰禍也同時因而避免。原子彈的投擲、發揮了「止戰，息戰」功能與效益，對黷武國家，好戰份子的警惕，更具重大歷史意義。」

我國抗日戰爭的勝利，雖然未經反攻血戰，而是在美國原子彈威力下獲得，但我國抗日戰爭，在日本優勢軍力，「三個月亡華」的瘋狂侵襲下，能支撐八年之久，且也不斷創造一些個別戰場的光輝勝利，如淞滬戰役、台兒莊大捷、廣西南寧崑崙關戰役、湖南長沙會戰，常德會戰，這其中軍人視死如歸，前仆後繼的英勇犧牲。全國同胞顛沛流離，毀家紓難的愛國精神與我國軍事委員會蔣（中正）委員長堅忍不拔的決心與領導，均是抗戰致勝不可或缺，不可忽視的基本要素。

## 國際新情勢

非常戲劇化的是，歷經抗日戰爭，二次世界大戰，中美英蘇對日作戰，日本無條件投降，以美軍為主的「盟軍」佔領了日本，六十年後的今天，美日軍事竟由「佔領」而「協防」而「軍事一體化」，並以中華人民共和國作為假想敵，其中包含台海有事的共同戰略目標，日本成為美國全面控制亞洲軍事戰略據點與遏止中國的前哨陣地，但筆者深信美國戰略佈署雖係如此，而基本上仍是和平與非侵略性的，但日本由於對軍國主義傳統至今反省不夠徹底，加以日本長年經濟不振，民生艱困，亟易造成右傾政客，與軍國主義殘餘份子乘勢興起。再加東海油田利益因素，其黨政居心與未來發展尚難完全信任，例如我國與日本有主權爭議的釣魚台列島，我方提出「擱置爭議共同開發」日本卻堅持釣魚台（尖閣列島）是日本領土，二〇〇五年並將此編入兒童教科書，向下一代灌輸霸權思想。因此寄語中共為因應美日軍事一體化的潛在威脅，首先要以最大耐心與愛心堅決保持海峽兩岸大陸與台灣關係之穩定與和平發展。其次對美、日方面，則是國防軍事積極整備追趕以外，仍以繼續多邊安全機制，加強與美國、日本尤其廣大民間政經、文化交流，耐心推動和平雙贏，避免再起戰禍為最高目標。

中國與日本對釣魚台問題，如因激化而引發戰爭必兩敗俱傷，美國將坐收漁利，中日老一代政治家所建立擱置爭議共同開發的基礎，應予珍視。中日均為世界能源大消費國，如能按中、台、日、（三比三比四）比例建立釣魚台能源合作關係，將可塑造二十一世紀亞洲人世紀景象。釣魚台海域石油儲藏量，台灣估計約為五十五－一百五十億噸，天然氣日本估計約有十兆立方公尺，事實上歐洲在六十年代為北海油田（布蘭特原油）早有資源分享先例，英國、挪威、丹麥、瑞士等國均參與。據悉中共與日本並已就釣魚台海域春曉油田，與天外天油田曾進行協商。

# 肆、反共戰火　轉進台灣

## 反共戰火

一九四五年九月第十九集團軍陳大慶總司令率九十七軍自安徽阜陽北上，經徐州先接收了日軍武器裝備，再沿津浦線北上時，忽然受到共軍陳毅縱隊的武力阻止，並將我軍包圍於山東臨城，九十七軍為避免抗戰勝利還不到兩個月就發生內戰，祇好固守臨城，始終未能北上。事實上抗日戰爭勝利之初，共軍為爭奪戰敗投降日軍之武器裝備，不惜與國軍武裝衝突，在東北、華北極為明顯。東北日本關東軍，係駐華日軍武裝最精銳部隊。在蘇俄先發制人脅迫下，所有武器均被強行解交共軍林彪「搶接收的徒手部隊」，此種日軍武裝爭奪行為，對引發未來國共爭戰，勝負影響的重大，很少為國際與國內一般人士所注意與警覺。

九十七軍前軍需處長吳本一上校奉派上海第三方面軍司令部採購委員會副主任委員，在吳副主委推薦下我奉派該會所屬三三一採購站中校副站長，負責支援國軍第二十五軍所屬，四十師的食品補給，二十五軍奉令駐防揚州，由皖南先移師上海，臨時駐停課中的上海聖瑪利亞女校校園，一九四五（民三十四）年十一月我到女校向四十師報到，繼隨部隊由上海經鎮江金山、而進駐揚州，四十師防地為揚州仙女廟。師長陳士章、在師部以師參謀主任，和軍需處長鄧如九、政治部第一科長王獨慎與我往還較為密切。此外蘇北和皖東有幾個縣，如安徽天長縣長董銓等，因共軍搶先佔據這些縣城，我政府派任的縣長無法到任，均寄居揚州，我們也多有往來，並常受父親款待。

## 國軍復員裁軍

抗戰勝利日本無條件投降六個月後，國民政府因勵行立憲，便著手復員裁軍，原為抗日戰爭而準備之反攻主力所成立不久的四個方面軍首告裁撤，第三方面軍當然亦在裁撤之列，我三三一採購站於一九四六（民三十五）年三月奉令結束，所有軍官向無錫第十七軍官總隊報到。政府當時為安置這些因復員裁軍而編餘待命的軍官，在全國成立了二十幾個軍官總隊，計劃讓他們分配到中央訓練團依志願受訓轉業光復區為地方行政人員，擔任地方行政、警政、兵役、財稅和國民義務勞動督導員工作，這是一個很有理想性的復員軍官就業安置計劃，祇因勝利復員來得太快，對收復區之行政百廢待舉，關於軍官復員、編訓、分發安置與各相關部門配合工作，多有名無實，行政部門且有抗拒心態，而致計劃未能落實。此時國軍野戰部隊，也受復員裁軍影響，陸軍的軍司令部奉令改編為整編師，軍長變成整編師師長。國軍軍官抗戰時期不畏艱苦，不計生死浴血作戰，如今勝利來臨，忽而復員待業，在軍官總隊投閒置散，心理憤慨與失望交錯。相對於中共陣營，因爭先接收日軍武裝，非但未同時復員裁軍，反不斷擴軍，幹部晉升機會大增，相互對比差異立見。加之收復區因勝利光環，大都市歌舞昇平、軍人待遇原極微薄，精神物質兩相苦悶，無錫十七軍官總隊由復員少將和上校所編的將校隊乃有赴南京中山陵「哭陵」的一幕。至於國共之間，在中共和平統戰之下，各地區雙方實際係「談談打打」，此時國軍幹部對反共作戰士氣當然深受影響。

我向第十七軍官總隊報到後，派為第五大隊第六十中隊中校指導員，中隊駐在無錫橫林鎮、軍官總隊祇是收容待命，指導員也不能做什麼實際工作，我常常無錫、上海旅行。對揚州家鄉父老而言，我是參加抗日勝利的青年軍官，曾為國效力、前程遠大，面對因復員裁軍，已被編入軍官總隊待命安置的實際境遇，很難向家人說明白、祇好含糊其詞，說是在無錫受訓。至於父老鄉親從報紙新聞報導究竟對實情瞭解多少我也不願去想像。而這時我自己內心實際思考的第一出路，是赴美留學，因為抗戰後期，美國對我國作戰的合作援助，和開羅會議、坡茨坦會議等這些新聞、使我很嚮往美國的進步與自由民主，但赴美留學旅費、學費、生活費須錢很多，在財力上根本是力不從心，對父親而言，勝利還鄉，我對父親並沒有一絲金錢上的孝敬，現在何忍還要向老人家要錢出國留學。因而必須打消此念。與此同時，湯恩伯將軍因第三方面軍和京滬衛戍總部均已裁撤，且眼見東北情勢緊張，很有意請纓東北，舊同仁之間，也盛傳老總鼓勵幹部向東北先行。實際情況國軍精鋭如新一軍，新六軍、青年軍、砲兵團正也大批遠調東北，需要補充幹部，因而在蘇州有東北軍官總隊的成立，我因此翼然決定請調東北軍官總隊。

## 依依遠行，父子惜別

一九四六（民三十五）年九月我向蘇州滸墅關東北軍官總隊一個中隊報到，仍擔任中隊指導員。正當總隊將出發時，我突然染病高燒不退，先由一位滸墅關當地留法醫師診治，我無意中直覺地問醫師是否傷寒？醫師因見我雖有高燒，卻意識清醒，答以祇能說是腸胃炎，三日後高燒未退，我決定赴蘇州一家最大的天賜莊教會醫院就醫，門診時，我再問是否傷寒？醫師答說「如果是傷寒，你就不會自己走到醫院來了。」因為抗戰勝利不久，一般對國家軍人還是非常尊重優待，我乃得以立即入住醫院，經抽血檢查，第二天主治醫師帶一位外籍修女護理長和一些護士來病房告訴我：「你確是傷寒，現在正是傷寒危險期的高峰週，因為沒有特效藥，要靜養三週，為優待起見，也不需要移住隔離病房，但此房仍須加以管制，雖醫護人員進出，均須限制與消毒，如果腹痛激烈就拉鈴。」事後獲知傷寒如果腹痛激烈就是腸穿孔，應已無救，但當時我並不知道其嚴重性，所幸年輕、體力好，平安挺過了這一場災難。病癒以後，東北軍官總隊業已啟程出發，我乃先回揚州、父子相見後，又面臨遠征辭別，父親年老但不願妨礙兒女前途，鄉親邵冰如兄勸我「父在，子不遠遊」惟衡量當時情況，覺得捨東北，一時也別無出路。行前父親秉持複雜心情特別攝影題詞，寫給我一篇庭訓如下：

「余年逾耳順，株守鄉隅，爾珩自抗戰軍興，遠隸戎行，鋒鏑頻年，倫常抱痛，往事成塵，徒增感喟，及勝利南旋，於役滬錫金閶，今奉檄傳調東北，會即遠遊，先假歸覲，東北國防要隘，軍府器使多方，幹國棟家，勿妄吾願。芳兒素以願稱，年來隨附戎行，亦請訓長征，告以祇父恭兄，努力邁進。行矣勉旃，老懷難遣，究難阻汝等程途，塞外多寒，慎哉自愛，適是影攝成，聊書數行，以為庭誥。余孤桐半生，為德不孤，笑看二我，辜負鬚眉，時冀好音，自北而南也。彊圉大淵獻。仲春」

離別那天，父親送我到大門口，我向父親深深一鞠躬，便登上人力車，強忍離緒而去。不意反共戰爭變化太快，我去東北以後，一直就沒能再回揚州，一場比抗日戰爭更長，更慘酷的國共之爭，隔絕了我們父子重逢的機緣。在家門口向父親拜別和父親在談話中頒賜庭誥的影像，如今均歷歷在目，成了我們父子親情不可再得的寄託。父親係一九四九年十二月在揚州病逝，承李兆芝老伯及邵冰如兄協助華芳弟料理後事，翌年四月我在台灣輾轉得訊，特在台北延平北路三段十八巷龍雲寺，舉行佛教法事及追悼式，並認識了台灣佛界高僧賢頓師，我在龍雲寺共守孝七日，得以朝夕向賢頓師請益佛經。

## 遠征東北、四平會戰

一九四七（民三十六）年三月我向父親拜別，離開揚州經上海搭招商局海康輪赴東北，在秦皇島登陸後乘火車抵瀋陽，四月我奉派聯合勤務第六補給區司令部，中校科員，並與前二十五軍四十師軍需處長鄧如九同在司令部採購委員會工作，五月我奉派偕同一位少校運輸官赴撫順公差，在撫順前一站即聽到國民政府資源委員會張莘夫因要接收撫順煤礦於撫順火車站被共軍殺害的實際經過，現今火車也不能通往撫順。我們因而改變行程轉往四平街督運為法國代表團外運大豆，抵四平街後，國共四平會戰爆發，我們與守軍第七十軍同在四平街被圍，守軍陳明仁軍長率部奮勇作戰，最後堅守四平車站，這批外運大豆列車，構成車站守軍最佳防禦工事，不久國軍對包圍四平街的共軍，於外圍再形成了反包圍圈，有與四平守軍向共軍內外夾擊態勢，共軍因而撤退，四平乃勝利解圍，陳明仁將軍一時名聞國際，並奉頒青天白勛章。與此同時，卻發生一件怪異事件，即東北行轅政務委員會不悉為何當此四平大捷，喧騰國內外時，卻藉法國代表團所購大豆戰禍受損，竟對陳明仁軍長窮追不捨，謊言陳軍長強佔了這批著彈累累的大豆，引起法國代表團國際糾紛，東北行轅政務委員會主其事者為郭寶珠委員，我曾代表軍方及補給區司令部出席多次會議，嗣後此案被移送東北行轅軍法處，我代表軍方一再出席法庭作證，力辯大豆係毀於砲火，士兵在作戰期中，因一時糧食短缺吃些砲火中殘存大豆也係部屬不得已而發生情事，守軍指揮官及其幹部沒有侵佔這批大豆意圖，軍事檢察官劉上校也很公平地同意我的見解，並讚賞我提出的書面證詞，軍法案件未能構成，東北行轅在政務委員會郭寶珠主導之下再以國際糾紛誇大其詞，向蔣中正總統提出控告，最後一代名將陳明仁於四平大捷奉召北平受頒青天白日勳章之後，旋即被調總統府侍從室，沒有再回任七十軍軍長，若干年後陳明仁在湖南一度出任國軍兵團司令，但不久即在毛澤東「湘人治湘」統戰口號下，率部投共，我相信四平這一段遭遇，對陳明仁心理影響與刺激實在太深刻，而東北行轅政務委員會主持這批大豆事宜，力貶陳明仁將軍的郭寶珠，後來也證實是老共產黨員，並於中共建政後，在中共政府任要職，顯見郭寶珠當時確係利用職權，分化國軍將領士氣大為得逞。

## 離瀋陽飛北平

一九四八年初政府核定成立中央訓練團東北分團，駐瀋兵團司令劉安琪將軍奉派兼任分團主任，東北行轅經理處科長朱綬調任東北分團經理處長，朱處長邀我擔任經理處中校科長，我欣然接受，並辭去補給區司令部職務，惟東北情勢轉變太快，分團未及正式招訓學員。此時湯恩伯將軍奉令在上海成立淞滬警備總司令部，前九十七軍軍需處長吳本一上校任總務處副處長，我與吳副處長取得聯繫後便離開瀋陽，先飛北平等待到上海淞滬警備總部的工作機會。

在瀋陽工作期間，曾接到父親來信，謂政府發行「金圓券」，鼓勵愛國同胞將資金變換金元券、法幣每三百萬元兌金圓券一元，相當銀元五角。父親基於身為軍人家屬愛國爭先，變賣了揚州恒和布局的投資，換成金圓券，未料短短幾個月，金圓券瘋狂貶值，要五億金圓券方換到銀元一元。政府為挽救金元券信用，曾有限地拋售黃金，上海因而發生了金元券擠兌黃金、七死四十一傷的不幸事件。父親來函說：「為金元券我現在已一文莫名。」我接信也不知所措，我因為軍人待遇微薄，實在沒有能力可接濟老父在晚年因愛國變產，生活無依的窘況，每當回想及此，深深引以為痛。

## 蔣總統被迫下野，傅作義屈從中共

國軍在東北局勢失利，華北仍有重兵，且係國軍最精銳的兩個兵團，一係湯恩伯麾下抗日戰將石覺兵團，一係胡宗南麾下戰將盛文兵團，傅作義被任命為華北總司令，屬下智囊擁有和戰兩派，想因自己基本部隊由張家口向北平集中時，遭共軍伏擊，而影響與共軍再戰決心，加之蔣中正總統已被迫下野，副總統李宗仁代理總統在中共統戰下醉心和談，全無鬥志，中共又發出保護故都，不毀於戰火統戰口號，傅作義終於屈從中共接受和平條件，共軍兵不血刃贏得了平津會戰的勝利，兩位兵團司令由我空軍接出北平，部隊則和平撤出平津。我此時身處北平雖係個人自由之身，但外界消息混亂，祇聽説國軍幹部不願投共的，紛紛由平津向青島或山西方向流亡南下，但沿途情況不明，安危莫卜。我最後決定和一位王上校接受幾位蘭州在東北大學就讀同學協助掩護，化裝為東北往西北返鄉學生。由北平逆向北上，先搭平綏路火車經張家口到集寧，再步行一天，即可抵達國軍綏遠防地。當時綏遠省主席董其武尚和戰未定，到達綏遠續沿包頭穿越沙漠地，到西北寧夏、蘭州，然後由西北到西南重慶，再沿長江往我國東南上海前行，雖係繞中國一個大圈，但沿途為國軍自由地區，可以安心跋涉作三萬里反共長征，也是再一次個人希望之旅，這希望包含了信心、理性、毅力、決斷和智慧。

## 北平突圍，我走出了鐵幕

一九四九（民三十八）年二月一日共軍在國共和談後進駐北平，二月十四日深夜，我接到克勛派一個換了便衣的勤務兵乘自行車送來一頁短箋，說學校十五日即要辦理移交，所以決定十五日早車提前出發，約我當晚即搬進學校去住，勤務雇來一輛三輪車，已是夜深人靜的時候，擔心在馬路上有什麼不方便，因為我既沒有國民身份證，學生證又沒有其他任何足以證明我不是共軍正在進行蒐捕集中對象的證明。晚風緊緊，車子在昏暗的街燈下，孤獨地踏得很快，當穿進宣武門，哨兵並沒有盤問，一直到西長安街，才突然發現幾個共軍正在檢查兩個乘自行車路人，他們喊克勛勤務停車檢查時，我便遠遠地自動下車，向一個共軍走過去，意外地他揮一揮手卻讓我通過，在西安門大街大學法學院下車，與克勛見面後，我們將這次化裝突圍的計劃與路線，反覆考慮了一次，我們依舊認為穿過已成為老解放區的山東，比較困難沒有把握。而察哈爾、綏東是共軍新佔領區控制尚不嚴密，且距離國軍綏遠防區較近，目前歸綏政局和戰不明，戒備可望比較鬆緩，為把握這些有利時機，我們做了逆向北上繞察綏突圍的最終決定。

克勛介紹我與師、魏、朱三位同學見面，他們將是掩護我們這次突圍的旅伴，接著我們商量證件問題，克勛可以利用他弟弟的一張舊學生證，另外魏又在別的同學方面為我也找到一張舊證，於是從明天開始，我便是東北大學外文系三年級，籍貫陝西臨潼，年齡二十四歲的呂同學了。十五日清晨五點，我匆匆起床趕回前門外，打開留存的箱子，在像片簿裡揀一張大小適合的便裝照片，用膠水黏在學生證上，然後又去銀元市場兌換一些銀圓和人民票，趕到火車站時，克勛和師、魏、朱都已登車了，我在月台外盤桓十多分鐘，得到一個行李小車進站的機會，便緊跟著由側門混進了月台。因為克勛和我的舊學生證與三位同學明顯不同，不方便坐在一起，我倆便頂著勇氣，走進為中共指定給他們軍人和黨政幹部乘坐的二等車廂。火車九時正開出北平，吃力地爬過了南口、青龍橋，經康莊到新保安，在這裡看到了很鮮明地炮火遺跡。那還是華北戰事在密雲欲雨底時候，傅作義為採取兵力集中，命令保定、張家口兩線兵力向北平集結，當此線部隊夜抵新保安時，卻為林彪一個縱隊打從熱河以迅速詭祕行動給予包圍奇襲，傅軍在無法展開的劣勢中，硬撐幾個小時後，便結束了他們被殲的命運。很多方面分析，傅作義這次北平言和，受此一戰役的影響很大，因為這些被損傷的部隊，正是他僅有的基本嫡系。

車過下花園，遠遠地又看到在華北規模僅次於唐山的一個發電廠底鋼架遺骸，這是抗日戰爭勝利後，國軍推進張家口時，為共軍所破壞的。下午五時正車抵張垣、站台上有很多中共男女工作人員，等待擔任檢查工作，當我在與站長交涉補票問題時，旁邊一位穿獾毛外衣婦人，手袋裡有美金一百八十元被檢查人員沒收了。朱攜著一只滿裝書籍的皮箱，被他們帶到軋票出口外面受詳細檢查，接著師和魏也被他們領到一起去，我將補票手續辦完以後，攜著行李，很鎮定地走出來，檢查人員竟沒曾阻擋我，在離車站約五十公尺地方見到克勛，我們將行李放在雇好的人力車上，遠遠地等候了半個小時，三位真正大學生，才懶懶地走出來，他們被檢查人員盤問疲倦了。我們當晚住在一個經售張垣、集寧間客車票的旅館裡，在這裡我們又增加了兩位長春大學學生旅伴。張垣生活費用較北平低，特別是食物價格，晚間我和克勛做東邀請同學們吃了一頓豐富的晚餐。

十六日中午十二點，一輛無篷卡車，搭載我們三十多名旅客，從張垣出發，冷風黃沙逼著我們不能睜眼張口，偶而偷偷地睜一睜眼，所看到的是山，少數未溶的積雪，不太多的羊群和廣漠底田野，也看到反穿羊皮的車夫，和拉著極重卡車的騾馬。黃昏時份，車抵大青溝（尚義），我們瑟縮在車子裡被冷風吹刮得快要失掉知覺了。我們夜宿大青溝，那是一個約摸不到一百戶的小地方。集寧位在張家口底正西偏北，公路卻要繞一個以紅格爾圖為頂點的三角形底兩腰，因為行車順利，十七日中午，我們便以一天半的時間抵達集寧。集寧（平地泉）是綏東一大據點，從這裡北有公路通庫倫，東去張家口、西沿平綏路通歸綏，南經豐鎮去大同，中共並將縣治改為市政府。物價較張家口還低，不過人民都要以銀元買賣、對中共的人民幣似乎沒有信心。平綏鐵路受戰事影響，分割成許多小段，從北平至張垣行車比較正常，張垣經大同至集寧不能通車，從集寧到旗下營則東西間日往還行車一次，從旗下營至歸綏亦不能通車，中間並有一段國共軍事的真空地帶。我們二月十七日中午到達集寧，西行車當天早晨已先開出，因此需要在這裡候車兩天。這裡的環境，對反共突圍的人士來說，非常險惡，中共幹部在當地的組織工作比張家口要嚴密很多，兒童、婦女、旅館茶房都可能是他們組織的外圍，曾有六位北平師大男女同學因為互相隨意談話，被茶房竊聽告密，遭到扣留。另一位曾在將委員長侍從室服務的中年人，也因為搜出一張印有侍從室字樣的空白紙條而被逮捕。特工人員隨時環繞監視著每一個陌生旅客。我們悶在旅店裡都不願意出門，大家以緊張而迫切的心情，枯待了四十個小時，我因在公路上吸多了沙土，全身實在難受，強邀克勛去這裡一所僅有而設備並不差的浴室，洗了一次澡，花費很不低，但是卻獲得了許多從這裡要去歸綏沿路的不少情報。

火車十九日早晨八時開出集寧隨車的共軍檢查人員也開始活動，他們尋查的對象，第一是武器，其次是黃金、銀元、第三是反共的軍政幹部和其他可疑旅客，他們採用連續不斷地疲勞詢問和身體搜查，我為應付他們一個接一個地搜查，將外衣紐扣先完全解開，祇要他們一向我身邊走近，立刻主動拉開外衣，讓他們搜查，這種坦然的方式，倒很有效果，有的笑一笑就走過了。應付他們政工人員比較麻煩，我們幾個青年人似乎特別引起他們注意，一個年青的政幹，啣著一支香煙，坐到我們對面座位上對我們盤詰時間最長、話題範圍很廣很亂，我們很謹慎地回答問題，關於學校在學情形，我和克勛當然不很清楚，我們祇能用想像回答，祇要其他三位同學也能依照我們的錯誤答覆他，因為他對於學校情況，應該比我和克勛更要生疏多了。最後有一位政指將我們七個人的學生證、日記本、皮夾、通訊簿都一齊收走了，我是在北平出發前，將這些最容易被尋找線索底物件，先清理了的。下午三點四十分車抵旗下營，這過去的一〇九公里車程，該算是我們此次突圍遭遇最麻煩和嚴重的一段旅程，與我們同車廂旅客，很多人銀元被沒收了，兩個棉紗商人被他們帶下車，要送回集寧，一位老婦人因為失掉辛苦賺來的銀元而失聲大哭，我們還親見一個檢查員以沒收來的銀元，轉向一個文具商人強買一支自來水筆，他答覆那個文具商的質疑，保證所給他這枚銀元在車子上的所有權，但是下車以後能否不被沒收，他就難管了。我們將行李搬下車，再等候檢查，一位跟有三個衛士的中共軍官，向朱指著我問是什麼地方人，大概因為我身材比一般人高的關係（我一九〇公分）。朱答覆他我們都是蘭州籍大學生，他又指著克勛問，為什麼有這麼大年紀的學生，因為克勛已是三十四歲中年人了。接著又談一些北平學生們的動態。因為這次共軍進駐故都，各校學生曾被鼓勵瘋狂熱烈地歡迎他們，又學習扭他們的秧歌舞。他們很引以為傲，也常常當做話題，因此學生在旅行上得到很多方便，我們也就在這次突圍中沾了光。那個取走我們學生證、日記本、皮夾的政指將東西送還我們了，沒有再經過任何盤查，我們順利走出車站，為著急於走出鐵幕，和儘可能與這些厭人的檢查員放長距離，我們和另外六個旅客共僱了一輛馬車，緊緊西行。天空忽然飄著一陣雪花，不過半小時後又停止了。當晚我們住宿距旗下營三十公里的陶卜齊，這裡已是共軍底最前哨，馬車為一個客店主人引回去，客店屋子是一座粉刷潔白且有明亮紙窗的六間瓦房，算是塞外村鎮少見的房舍，正面三間現被共軍住用，側面三間為屋主三弟兄夫婦及兩個妹妹分住，那個引我們入店的房主人分配我們七個學生擠住在他自己坑鋪上，另外六位旅客分住在他弟弟房內。

我們女房東是一位有副深動引人的眼眸，覆著長睫毛，有淺酒窠，活潑漂亮的年青婦人，她很熱誠地接待我們。爐灶與土坑是連在一起的，她一面忙著燒水做飯，一面叨叨地和我們談話，她說那個引我們進店的房主人也是高級師範畢業生，他們當初結婚時，原是兩個相等富有的門戶結合，可是因他抽吸鴉片，不事生產，一切財富被吸光了，目前依靠她娘家不斷地供給柴米生活，今天他們將自己住的屋子用來接待旅客，是第一次開張，她很羨慕我們有豐富底人生，至今她不曾坐過飛機、輪船，不曾看過電影，不曾到過像北平那些大地方，也穿不著都市婦女的那些衣飾。一陣拖曳的腳步聲，接著那個高身材．深眼瞠，嘴唇養著一撮黃短鬚，帶有鄉村紳士輪廓的店主人，凸著背、曳一雙破鞋，蒼黃瘦削的面孔上拖掛著鼻涕、眼水、抱著一捆柴枝走進來，熟悉的聲影，使女主人忽然停擺正在麵盆裡揉麵的雙手，抬頭看著正在開始發煙癮的丈夫，不禁長長地嘆出一口氣，不難想像，在她那兩隻不曾轉動眸子裡，隱藏著多麼複雜地深意，是快樂的回憶，辛酸的感傷，還有幸福的幻想。開飯時我們拿出自己帶來的滷雞和牛肉罐頭，邀請女店主和她丈夫一同進餐，我們安慰她，又鼓勵他，飯後她和我們坐在坑上，為我們剪棋子，看我們下棋，男店主蹲在爐火旁抽著鴉片，夜深了，我們才分別休息。

一九四九（民三十八年）年二月二十日，從陶卜齊雇乘馬車，走出十公里，我們便到了國共兩軍的真空地帶。五天時間，我們成功地從北平突圍，抵達了國軍綏遠省主席董其武將軍防守的歸綏城。

## 從綏遠再出發，西北壯行

「王昭君……琵琶一疊回首想，舊夢前塵、前塵舊夢空惆悵……。」因為交通不便，我們無緣瞻仰曾經背負漢室和番，今已靜靜長眠歸綏黑河之畔的王昭君香妃墓。我們祇在歸綏商業和政治中心的新舊城漫步，這座在軍事上已是孤懸塞外的孤城，一切顯得意外地平靜，有秩序，有朝氣，從新城通舊城一條寬闊的馬路，混凝土的西式建築物，街燈明亮，照著三三兩兩髮型修短俏麗、著黑色制服的女學生，使人忘記是身處塞外，也不忍想像在這場戰爭中，像土一樣淳厚的歸綏人民，所將面臨的危運。

二月二十日晨九時開始在自由國土上向西北壯行，我們搭乘綏包線火車、由歸綏向包頭出發，在草原上奔馳的火車，像是與路北的大青山脈和道南的黃河，以三條平行線賽跑，只是大青山和黃河，始終無止盡的延伸在火車前面，火車不時憤憤地怒吼、也不時停車，吞進十幾個，或瀉出幾個的人，接著又氣沖沖地踏著綏包路軌狂奔。

「黃河百害，唯利一套」，在河套的這一段地區，黃河被人民引著，透過民生渠，源源地灌入田原，當地河套人民感謝黃河單獨賜給他們水利，使他們能夠得以溫飽。車於下午三時三十分抵達西北漠地另一大鎮包頭。裝飾奐美的馬車，將旅客從車站送入三里路外市區。這座曾經被日軍佔領很久，抗日戰爭勝利，為共軍進駐一個短時期，現歸國軍防守塞外都會，早春受新年氣象的點綴，看不出曾累受戰爭洗禮，市容沒有歸綏整齊，但人口與商業卻比較繁榮。佛、回、喇嘛和基督教，使包頭構成一個多元宗教的社會。我參觀了供奉「觀音」、「關聖帝」的佛寺，並且隨俗抽了兩支籤。又走進約五百回胞正虔誠舉行祈禱的清真寺，聽長老講誦土耳其朝聖經過。接著一陣單調而有節拍的洋鼓，再引我踏進一座耶穌教堂，一位年長傳道人，在掛著十字架的講台前，正講解「儒、佛、耶」三位一體的道理。

感謝國軍兵站分監部馬副監的熱心愛護，允許給我們和所有流亡學生撥派一輛從包頭赴陝西計三百五十六公里行程的軍車。出發日期決定後，我對已被共軍佔領的揚州試著寄出向父親報平安和問安的家書，也向上海等地寄發突圍成功並將繼續上海行的書信。

一輛曾在抗日戰爭後期滇緬戰場已經跑得足夠年歲的十輪卡車，讓我們用盡可能底力量腿夾腿背貼背擠入所有乘客。馬達響動，大家慢慢互相打開了話匣，直到都有些倦意，便默默地各自浸入夢鄉。不久，一聲聲胡馬長鳴，使人們從小睡中驚醒，眼前一簇環立的白色建物，夕陽返照，不遠一匹棕色駿馬，坐著穿紫袍的喇嘛，急速地向那個白色方向嘶吼著奔馳過去，這是河套享名的「崑獨崙台」卡車不留戀人們認為新奇的景象。當我們匆匆越過白色崑獨崙台、眼簾又接觸到一堆灰白羊群，緊靠羊群是兩個相倚的帳幕，白色小三角旗嘶嘶地飄盪在蒙古包帳幕底前端，雖然沒有聽到胡茄與鴻雁長鳴，這感人的黃昏已足夠強調此天蒼蒼地茫茫的塞外風情了。叫囂的馬達忽戛然而止，車子拋錨了，我們逐漸被籠罩在濃厚底夜幕裡，寒風挾著細砂不停地打人臉龐，四周一片冷寂，飢餓、乾渴、疲倦、伴著焦灼地心情，直到兩小時後，馬達又響了，只是僅僅亮著一張前燈，衝向層層夜幕，駛進距包頭一百二十公里的公廟子。

二月二十五日清晨，我們從公廟子出發，經安北縣及西山嘴，便進入黃河河西後套，一片荒漠大地，靜寂無人，更談不上耕墾。傍午車駛入五原，就內蒙建設而言，五原算是一座具規模市鎮，蒙漢混居，沒有種族之爭。據駐防當地一位保安團長談說，一九四〇（民二十九）年初，日軍曾一度攻佔五原，但旋為英勇國軍將日本小島部隊，黑田部隊和偽蒙軍聯合的三師之眾攻擊敗退，造成抗日戰史西北戰場光榮的五原大捷。漫步五原市街後，我走入了綏遠省立醫院眼科，一位文雅年青的女醫師為我細心地洗過了雙眼，使我能明亮地從她散覆而踡曲底髮式，和一些入時服飾上，相信也是剛從像北平大都市初來不久，我們不禁相互對使人眷戀的故都發出傾訴。當談到五原衛生狀況，她指出除了眼疾以外，由於當地蒙胞性關係混亂，加以衛生常識和藥物的缺乏，使花柳病更異常流行。臨別她堅決拒收我交付診費，並說如果明天走得不太早的話，歡迎再來洗過一次，衷心感謝這綻放塞外的丁香所散發底溫馨和盛意。次晨為著汽車修理，枯等到中午一時三十分才駛出五原，經米谷、臨河，晚十時多到達陝壩市。陝壩是抗日戰爭期間，國軍在內蒙戰區根據地，曾有效阻止了日軍一次次地侵襲。

## 穿越大沙漠

從陝壩到寧夏省會銀川，地圖顯示的綏寧公路，二十年前即已為沙漠掩沒，我們祇有尋找熟悉公路遺跡和黃河舊道的嚮導，領著我們穿越這三百三十七公里的大沙漠地帶。駱駝是行沙漠最正確的代步，但我們一行五十多人，結合成一個駝隊，一時食宿、飼料將有問題，且駝夫要求的代價相當高，最後決定接受馬車伕建議，合雇膠輪板車四輛，以十二匹騾馬拖曳，馬車伕保證十天可以送達銀川，車費每人銀幣五元。出發前一次付清。為了湊足旅費，我們這群流亡學生，於陝壩市場，展開衣物拍賣，接著準備大家十天口糧，燒餅三百個，小米十斤、麵粉二十斤、鹽一斤、豬油兩斤、蔥三斤、鹹蘿蔔二斤，為防止眼睛因風沙發炎，並準備極昂貴的消炎片五片。後來發現豬油沿路均無法食用。

我們一行，其中有三位著紫袍的喇嘛，一位高大倔壯深眼瞠藏番，兩位裹白頭巾纏回，一位東北流亡學生，和占多數漢人，我們是中華民族漢滿蒙回藏五族共和，每十多人圍坐一輛三匹騾馬拖曳的板車，我這輛車多係年青學生，全程坐車時間少，在車子前面步行的時間多，人群安靜地蠕動，車伕們不時揮舞長鞭，發出涮涮地聲音。三月二日從陝壩經臨河走完第一天六十公里沙漠行程，停宿在黃楊木頭。三日出黃楊木頭經頭道橋，一泓河水，便是綏遠與寧夏分界線，再行十三公里，到浦隆淖，實際接觸到寧夏馬鴻逵底政權，大家完成必要的登記，讓證件簽過字，方可在省境旅行，不致被認為來歷不明的人，我和克勛均沒有其他身份證件，我們依然是東北大學學生，等馬車伕繳完「牲畜過境稅」時間已近黃昏，趕一段路，夜宿一個土寨式的東堂，四日清晨，窗外一片肚白，主人燃起極微弱燈光，為我們燒水，用我們帶來麵粉做好早餐，車伕也忙著餵食牲口。忽而一陣響亮鐘聲，使我驚奇地發現附近尚有一座天主教堂，我走入教堂，看見一位極年輕外國教士，虔敬地燃點著神壇上燭台，再匍伏在拜墊上帶領早禱，跪在教士後面的，盡是衣衫襤褸的男男女女，和有些還掛著鼻涕的孩童，無論從智識和生活素養來看，他們有極懸殊的身份差距，但宗教力量填補了其間距離，使他們平等而親和地環伏在神的座前。山東堂走十幾公里到三盛公，我們從一座獨有的磚砌建築，再發現另一座基督教堂，並附設小學，可以聽到朗朗書聲，主耶穌基督救人救世的博愛精神，務實地傳入回族宗教意識濃厚的我國西北邊地。續行四十公里，夜宿金沙廟。五日由金沙廟行四十公里到上江。六日由上江行六十公里到磴口，此地是黃河渡口，河水結冰，船在河岸上躺著，不時有冰塊從上流沖擊下來，透露出春冰融解時節行將到來。無論沿河邊或是在沙漠堆上行走都是很吃力的，偶而也有輕快細軟沙地，沿途看不到其他生物，有時啃吃一些燒餅也能使人忘勞。七日由磴口行二十五公里到官地，八日官地行六十五公里到河拐子，九日河拐子行九十公里到石咀子。沿途均是一家村，大家擠在土坑上，坐著、半躺著、半醒半睡狀態熬過一夜，很幸運八天來我們從沒有遭遇狂風驟起，黃沙飛揚，敝天昏暗的沙漠苦險日子，想係季節氣候的關係。三月十日、十一日我們在較好環境下，由石咀子共行一百八十公里，拖著極度疲勞的身子，抵達被稱為塞外江南的寧夏省會銀川。

寧夏省主席馬鴻逵對過境流亡學生，在銀川設有招待所，免費供應食宿，每人並發一個銀元零用金，我們真真假假的東北大學學生五人，在招待所休息兩天，即繼續向甘肅蘭州出發，王上校和另外三位真正東北大學學生均係蘭州人，抵達蘭州時，我評估當地局勢，所謂「連環馬」

（即寧夏省主席馬鴻逵、甘肅省主席馬步芳）均以極封建方式統治西北，如抵禦外侮可有堅固團結力量，但應對共產黨，則最容易在階級鬥爭中因滲透分化而被擊破。我建議王上校及幾位東北大學同學回鄉探親幾日後，一同由大西北向大西南出走，我評估西北必將陷落共軍，王上校係甘肅馬步芳主席保送中央軍校第十期畢業，經過自由民主文化洗禮後對馬的鄉土治理作風並不認同，但鄉親土親，一時均不能決志與我偕行。

## 從西北向西南繼續反共長征

一九四九年三月三十日我由西北蘭州繼續向四川重慶獨行，我恢復了軍人身份，沿途均可搭乘便車，尤其是搭敞篷貨車，在車上可飽覽川陝道上河山風光。我由蘭州係經華家嶺、通渭、秦安、天水、留壩、褒城、沔縣、武候鎮、大安、廣元、劍閣、綿陽、遂寧、於四月十日抵達重慶，沿途均係歷史名城古蹟，應是一生難再的旅遊機會。到重慶後，我先去大竹觀音橋拜訪抗日戰爭時期老長官李宗鑑將軍。我考察當時我國西南局勢，無論黨、政、軍均很少過去抗戰時期篷勃中興氣象，我向李將軍報告，我要去上海湯恩伯總部，並針對反共局勢敦勸李將軍離川避亂，可考慮香港或台灣，而李將軍老驥伏櫪，壯志未泯，極希望政府可給予番號，冀能武裝家鄉子弟，保衛家鄉，因此我們決定由李寫信上書老長官湯恩伯將軍轉呈最高當局請纓抗共。並由我攜上海面呈。辭別李將軍，一九四九年四月二十八日我由重慶乘民鐸輪經萬縣，過長江三峽抵宜昌，因沙市國軍已失守，乃換乘汽艇過松滋，津市再換新都輪，繞洞庭湖，經益陽抵湖南長沙，繼由長沙過株州抵南昌，南昌國軍也正撤退，浙贛線已阻斷，我不得不放棄去上海的行程。但因我內心堅持自由民主必將勝過唯物史觀階級鬥爭和共產專政的理念，此一信心與希望，使我自北平出亡，歷經我國大西北、西南、華中、華南三萬里苦行，身無長物，但不覺疲憊與落寞，當時反共戰事已由東北，而平津，而中原、徐蚌會戰，連連失敗，心理上雖有挫折，但並不悲觀絕望，共產主義是不能成大局的，反共的火焰不能也不會熄滅。正是少年時代俄國的普羅文學使我對階級專政，有無限反感。由南昌我繞道株州、衡陽、吉安，一九四九（民三十八）年五月二十八日抵江西贛州。

## 江西綏靖總部

在贛州我巧遇老長官前東北第六補給區司令部經理處長王作舟將軍正接任聯勤第六財務處處長，我得以奉派出任第六財務處中校祕書。接著一九四九年八月江西綏靖總司令部成立，江西省主席（前國防部參謀次長）方天將軍兼任總司令，王作舟處長調任綏靖總部經理處長，我奉令隨調總部經理處第二科中校科長。

江西綏靖總司令部編組精簡，參謀長魏世琦少將，係軍校六期，也曾在湯恩伯第三十一集團軍任師長。綏總參謀處第一科長李抑強上校，軍校八期、參二科長曹玉驊上校，陸軍大學參謀班、參三科長袁鐵生上校、軍校七期。綏靖總司令部轄第二、第三兩個編練司令部，隨後第二編練部在江西充員成軍改編為第十二兵團、胡璉任司令官。轄十八軍（軍長高魁元）、十九軍（軍長劉雲翰）、六十七軍（軍長劉廉一）這三個軍的編成非常出乎共軍意外。當於江西成軍再沿閩粵贛邊區，經潮州、汕頭轉進金門（十八軍、十九軍）及浙江舟山群島（六十七軍），立即成為當地防守主力，並分別創造金門古寧頭大捷及登步島大捷榮譽，也是方天將軍主政江西的特殊貢獻。第三編練部充員編成後，改編為第十三兵團，司令沈發藻中將。八月底江西綏靖總司令部奉令轉進，由贛州先南雄再回旋龍南、虔南，而廣東梅縣、潮州、汕頭。江西綏靖總部繼奉令改組為廣州綏靖公署右翼指揮所，內部參謀編組與人事不變。繼而台灣軍政長官陳誠派副長官羅卓英將軍親自來汕頭與方天將軍密商抽調十二兵團，自汕頭增援金門與舟山群島防務，十二兵團因此由廣州綏署改撥東南軍政長官公署戰鬥序列，十二兵團司令部及所屬十八軍移防金門，六十七軍增防舟山，留守潮汕兵力僅為十九軍（軍長劉雲瀚）及地方武力喻英奇將軍，一次喻指揮官召集地方黨政會議，方天將軍出席指導，我奉方將軍指派隨同出席會議，因而與喻英奇指揮官及地方首長有一面之緣，後不多久我由汕頭赴廣州公差，我在廣州街頭乘一輛人力車，車行中忽然一輛黑色轎車迎面駛來，並戛然停車，喻將軍全身戎裝，長統馬靴從車中出來，我的人力車當時也受驚停車，我急忙下車並和喻指揮官見面，喻簡單告我，他正在廣州接洽，多領一些彈藥，事完就立即回防，要我轉報方總司令，這樣不期而遇，急切地要我傳話，顯示喻對中央政府與方總司令的向心力與尊敬，也顯見他反應快，和認人的眼力，因為我們祇不過在一起開過一次會而已。同樣因為出席這次會議，當汕頭外圍戰情日趨緊張時，國民黨汕頭市黨部書記長忽然來指揮所見我，說他向當地航空公司買票赴廣州，受疑似中共地下人員干擾，買不到機票，我也親自協助他到航空公司買妥了機票。

## 轉進台灣、金門大捷

一九四九（民三十八）年十月指揮所奉令率十九軍自汕頭轉進台灣，我們係搭專用的鐵橋輪離開汕頭，航行途中，突然接到命令，急調十九軍增援金門作戰。中共係一九四九年十月一日成立中華人民共和國政府，接著於十月二十四日夜，即出動兩萬餘兵力（第八十二、八十五兩個加強師）渡海進攻金門，並在二十五日凌晨於金門古寧頭灘岸突破我軍二〇一師陣地，十九軍於二十五日非常適時的抵達增援，協同原駐金門守軍，第十八軍（軍長高魁元）轄第十一師（師長尹俊）及第二十五軍，青年軍第二〇一師，與共軍鏖戰三晝夜，終致殲滅與俘虜了登陸古寧頭共軍，創造了我軍金門大捷。此役我十九軍十四師四二團團長李光前，率部強攻金門西北一三二高地時，英勇陣亡，戰後金門民眾並建立李光前將軍廟以為悼念。至當時金門守軍最高指揮官為福州綏署主任湯恩伯將軍，轄第十二及二十二兩個兵團，十二兵團司令官胡璉，二十二兵團司令官李良榮。

國軍金門大捷，奠定了台灣海峽兩岸未來長期隔海對峙的基本態勢，對台灣局勢有絕對有利的長遠影響，下面引用共軍中聯部副部長王力一段話：

毛澤東主席向我講過，「這是我黨七大後所犯第一個大的歷史錯誤，當時蔣介石在台灣立足未穩，美國人也從台灣撤走了第七艦隊，本來是解放台灣的最好時機，我們只看到胡宗南在西南還有大軍，於是二野分兵去了西南，三野又要守備大城市和掃盪殘敵，所以沒有把二野、三野集中起來解放台灣，而是以劣勢兵力在金門打了敗仗。這樣蔣介石在台灣的棋下活了，在大陸蔣介石輸了，我們贏了，在台灣我們輸了，蔣介石贏了，這是一個大的歷史錯誤，是不能挽回的錯誤。但是我們同蔣介石還有兩個共同點，第一中國要獨立，第二中國要統一，這個統一就不能不是長期的了。」

以上毛澤東所說與蔣介石兩個共同點，真可說是英雄所見略同，而蔣（中正）總統由大陸轉進台灣時，在國共戰爭後期，主動撤守福州、廈門、汕頭兵力，先期重兵佈署金門、馬祖兩個外島，迎擊共軍，造成金門與登步島兩次大捷，累次峻拒美國要我放棄金門、馬祖的強烈建議，繼於八二三砲戰再創奇功，也正是蔣（中正）總統軍事天才的卓越表現。

## 台灣白色恐怖有其背景

事實上中共一九四八年為要攻打台灣，當時所進行的情報戰，初期是成功的，所派潛伏台灣的大批地下工作人員中，一位女情報員朱湛之竟與我國防部作戰參謀次長吳石建立了關係，吳石提供大批絕對機密情報，包括「台灣戰略防禦圖」、「大小金門海防前線陣地兵力火砲配備」等。所幸我情報單位適時捕獲中共台灣工委書記蔡孝乾，蔡向台灣政府投誠，四百多名中共潛台人員被捕，吳石、朱湛之也連帶破案均被執行死刑。以上也就顯示台灣一九四五—五一年代所謂「白色恐怖」雖有不幸傷及無辜，實有其不得不如此的歷史背景。

## 進駐介壽館

鐵橋輪將我十九軍載運金門，參加金門作戰，我們指揮所人員，隨後在台灣高雄登陸，再轉赴台中，臨時住台中煙酒公賣局禮堂待命。此時重慶已陷入共軍，蔣（中正）總統自四川成都飛抵台灣。一九四九（民三十八）年十二月東南軍政長官公署訓練團在介壽館成立。軍政長官陳誠兼任團長，方天、李良榮任副團長，我們指揮所人員得以隨方天副團長參加訓練團工作，原指揮所參謀長魏世琦將軍任團本部辦公室主任，原參一科長李抑強調編訓組上校組員，參二科長曹玉驊循情報系統調台灣省保安司令部，我奉派訓練團團本部經理組中校組員。訓練團主要任務是收訓大陸撤退來台無職軍官，轄設四個訓練班，「儲訓軍官班」設於高雄鳳山，孫立人兼任主任，趙霞中將負責處理業務，「政幹班」設於山崎，彭孟緝兼任主任，楊勃中將負責處理業務，「後勤幹部訓練班」何世禮兼任主任，劉叔琬將軍負責處理業務，「農墾班」設宜蘭，獨臂將軍靳力山任主任。團本部設四個組室，編訓組長曾振少將，人事組長涂寬少將，經理組長陳鐵麟少將（兼任），辦公室魏世琦少將。訓練團在介壽館二樓辦公。

# 伍、建軍復國　民主基地

## 國防部第四廳

一九五〇年三月蔣（中正）總統在台灣復行視事，中央政府開始執行政務，原東南軍政長官公署撤銷，陳誠由東南軍政長官轉任行政院長，我工作的東南軍政長官公署訓練團改組為國防部東南訓練團，參謀總長周至柔兼任團長、方天、李良榮續任副團長、政幹班主任改由蔣經國兼任，徐思賢少將接替楊勃中將負責處理班務，後勤幹部訓練班改由聯勤總司令黃鎮球兼任。

一九五〇年十一月東南訓練團任務結束單位裁編。我奉令調國防部參謀本部第四廳任中校參謀，我與國防部長官毫無淵源，何以能調任第四廳服務，事後從四廳組長李欣遠將軍獲知，其間有一段文字緣。

國軍撤退台灣，整軍建軍，勵精圖治，在後勤補給方面，蔣（中正）總統指示實施「直接補給」補給品改由後勤體系直接補給到團，不再經由軍部、師部層層轉發。我因在大陸抗戰前後，於野戰部隊和後勤體系均曾服務有年，深諗補給新制對革新國軍信實風氣，和簡捷補給作業有重大意義，於一九五〇（民三十九）年八月國軍軍事雜誌復刊第二期，曾發表「論直接補給」一文——國軍補給勤務的躍進，此時國防部第四廳長宋達將軍奉令推行補給新制，卻遭遇野戰部隊長和後勤體系兩方面很大阻力，當發現我獨排眾議的文章，乃囑組長李欣遠將軍查詢作者下落，進而報請指調我到第四廳任中校參謀。

國防部第四廳主管國軍後勤補給，當時適逢政府遷台之初，台灣經濟窘困，國庫空虛，應付六十萬大軍衣食住行，與戰備戰力的維持非常艱難，空軍飛機用油一度僅足支持二十四小時作戰消耗。此外尚有十五萬眷屬可說是嗷嗷待哺，因而在無力調整官兵極菲薄待遇之下。有眷糧補給的開始與克難眷舍的構建。蔣（中正）總統在一次幹部談話中曾說：「現在是我們最艱困的時期，大陸作戰失敗，美國也離我們而去，但未來大陸民眾抗暴動亂，中共與蘇俄將會發生嚴重衝突，那個時候就是我們反攻復國時機，我與美國友邦的關係也會改善。」當時我們內心直覺認為蘇俄與中共發生衝突尤其是不可能的，總統不過是加強我們建國復國信心，可是後來大陸難民潮，四人幫的動亂，中共與蘇俄的矛盾衝突及美援對我的開始，蔣（中正）總統的局勢研判竟如此精準。

一九五〇年四月韓戰爆發，美國宣佈第七艦隊協防台灣。一九五一年四月美國軍事援華顧問團（MILITAY ASSISTANCE ADVISORY GROUP MAAG）成立，美援逐步開始，大部份美援業務均係第四廳主管，國軍基本補給品麵粉、大豆及航空與車輛油料等均獲得美援援助，軍事裝備也漸次獲得美援無償支援，這些基本補給品能順利獲得美援援助，與國軍先期推行直接補給新制，有很大關係，因為美方如不認同我們的補給作業，便不確信補給品能真正使基層部隊受益。繼而美方為確保美援有效運用，發揮戰力，向國防部提出「建立裝備保養制度」與「官兵食品勤務方案」兩項平凡而意義重大之建議，美方認為現代化裝備平時預防保養極其重要，食品營養衛生對官兵體力、士氣、戰力的維護影響特大，尤其強調各級指揮官對此兩方面的主官職責，要定期密集的實施「主官裝備檢查」，建議的雷厲風行，改正了國軍部隊長一向以為「指揮官祇管打仗，不問這些小事」的舊觀念，而這兩項施政也均係第四廳負主要職責。

接受美援各種新武器裝備，受援國家在相關的教育訓練和裝備保養維護等方面，有很多需要配合的花費，但當時中央政府預算，差不多七〇％已作為軍費開支，而軍費預算用於經常性官兵極微薄的薪餉和一些事務性支出尚嫌不足，無力負擔這些新增的美援配合花費，經過中美協商，因有「經援配合軍援」（四八〇法案）的創始，美國無償經濟援助我國民生物資，如麵粉、大豆、棉花等，我們將這些物資，在國內市場平價銷售，所獲得款項，建立專戶稱「相對基金」備由國軍因應美國軍援武器接收以後在教育訓練保養維修等需要。程序上由國軍擔任武器裝備維修勤務單位和補給單位先擬訂計劃，經駐在美軍顧問簽證同意，層報三軍總部或聯勤總部，轉報國防部（第四廳）再與美軍顧問團本部協調同意，依優先順序分配支用，這些計劃大多屬於飛機、艦艇、車輛、武器及通信裝備保養維護及教育訓練費用，或機場、營舍等工程之用，在營舍工程方面，最常發生一項觀念差異問題，我們部隊每一個小單位均希望自己建立一個專有集會場所（中山堂）。而美軍則係營區制度精神，一個營區共用一個大集會場所，故雙方討論單位設施計劃時，凡屬單位性質中山堂均遭剔除，因而美軍顧問團和第四廳常受到國軍一些政工人員認為美援不支持政工業務的誤解。

美援對國家財政、軍事、外交的影響與重要性，使國防部第四廳與財政部、外交部高層有很密切業務聯繫，我與副廳長曹起成將軍，輒因配合美國藍欽大使回國述職並為我爭取美援的需要隨廳長宋達將軍到外交部葉公超部長辦公室直接面談，如何提供書面資料。也曾因蔣夫人訪美，為向美國爭取經濟援助準備資料，由廳長宋達將軍偕同副廳長曹起成與我應召到財政部嚴家淦部長辦公室備詢與作業，因此得以親炙這兩位政治家的個人風範。

宋達將軍在國防部第四廳廳長任內有很多重大政績，包括數十萬大軍在台灣的安頓補給，美國軍援爭取運用，對行政三聯制在後勤體系計劃、執行、考核的循環應用，尤得蔣（中正）總統讚賞，另一項特殊貢獻，是奉行蔣總統對國軍「綜覈名實」的三大核實政策（人員核實、軍費核實及軍品核實）。人員核實是設計推行軍人手牒，由財務收支單位直接到部隊憑手牒驗放個人薪餉，空缺的不良風氣得以根除，部隊兵員人數，對實際戰力的判斷與全軍兵力運用影響至大。同時因為沒有空缺的誘因，對實施部隊長職期輪調也減少阻力。我調第四廳服務時「人員核實」已推行有效，副廳長王征萍少將負策劃推動的職責。

## 小家庭成立

一九五二年（民四十一）三月二十九日，我與從上海來台灣的羅鳳麟小姐（一九二六年〔民十五〕三月五日出生）在台北結婚，老長官方天將軍為證婚人，第四廳長宋達將軍為我的主婚人。起初租住台北市金山街，七月奉分配台北市南機場國防部雙園新村十號克難眷舍一間。一九五八（民四十七）年二月遷居長春路龍江街國防部中正三村三十七號，一九六二（民五十一）年農曆八月十五日中秋節長男嘉政（Edward）出生。一九六九（民五十八）冬軍職外調前，遷居台北市忠孝東路四段二一六巷八弄十號三樓長期貸款房屋。

## 軍費核實建立國軍新預財制度

一九五二（民四十一）年十月我奉到國防部第四廳廳長宋達將軍指派負責策劃推行「國軍軍費核實」政策，宋廳長當時很誠懇地向我說「我沒有什麼特長，但我對選用人很有信心」。奉到廳長的指示與鼓勵，我乃擷取宋廳長「推行行政三聯制」的精義及蔣總統「直接補給」的立案精神，與美國國防部三軍新推行的「管制長制度」以及美國對我「經援配合軍援」之計劃作為與「相對基金」支付方式綜合擬訂了「國軍軍費核實方案」並將方案的立案精神示意如下圖：

計劃↑　↓預算
←　←
執行↑　↓收支
←　←
考核↑　↓審計

軍費核實方案在「政事推行」與「經費收支」作業上，主要明確劃分「計劃」與「預算」屬指揮權，依指揮系統作業。「現金收支」屬「勤務」之一種，由聯合勤務總司令部財務署及其各地收支單位負責「統收統支」。凡經費支付由財務單位憑計劃與預算單位（或稱業務單位）簽證，直接支付債權人。不再經過業務單位層層領發現金。收入款則由業務單位通知債務人直接繳送收支機關，業務單位亦不再經收現金。上擬方案經提參謀總長周至柔上將主持的國防部參謀會報討論通過，並奉參謀總長指定列為一九五二（民四十一）年十二月國軍第二屆軍事會議「參謀總長中心提案」。

國軍軍事會議係蔣（中正）總統主持，陸軍軍長以上，空軍聯隊以上、海軍艦長以上及各總司令部總司令、署長、暨國防部聯參各廳局長、參謀次長、參謀總長參加出席，我奉廳長宋達將軍指定為中心提案報告人、列席會議、除用書面資料外，另用大圖表向總統及大會報告，有人提醒宋廳長，我僅係陸軍中校參謀，如果總統主持的大會我臨時怯場就太冒險，當時第四廳在第二屆軍事會議共有三項報告（一）「軍費核實中心提案」由我報告，（二）「行政三聯制專題報告」由副廳長王征萍少將報告，（三）「作戰陣亡軍官遺族撫卹比照生前待遇」之一般提案，宋廳長親自報告，宋達廳長特別表示：「總統、總長、三軍高級長官對廳長已有認識了，所以我祇擔任一般提案報告，至於中心提案和專題報告，留給廳內同仁提報，給大家歷練機會」。我列席在台北劍潭舉行的國軍第二屆軍事會議，並先參加分組討論和綜合審查會議，分別作問題解答與補充說明，然後在蔣（中正）總統主持的大會作中心提案報告，總統沒有提出問題，當場裁示「應嚴格執行」，所以一切進行順利。會後副參謀總長蕭毅肅中將指示「軍費核實方案是一項政策，應有一個制度來依托」最後決定稱「國軍新預算財務制度」。

國防部預算局對新預財制度由主管後勤的第四廳負責策劃推動一度有些同仁曾有門戶之見，當時預算局長徐鳳鳴少將正在美國陸軍財務學校高級班受訓，副局長吳富寬代理，局內有一位智慧型專門委員鍾時益少將，對預算、財務之理論與實務學養豐富，在局內也有相當聲望，鍾對第四廳主導之軍費核實方案與新預財制度熱心支持，故推行工作能順利配合。至聯勤軍需署方面，依新制度因要負責全部國防經費統收統支，任務最重，又依新制軍需署將改編為「財務」、「經理」兩署，當時軍需署長吳嵩慶中將對軍費核實與預財新制極力贊許，吳將軍榮譽心與事業心均極高，故工作雖然吃重，配合推行非常順利。祇是對新制實施進度副署長程邦藻少將主張「先北後南分區實施」而我考量全般施政環境則堅持要一氣呵成，宋廳長最後決定將實施時間延後一個月，但同時間全面實施，我並立即主稿「茲核定國軍新預財制度自四十二年二月一日起實施並注意與一月份收支作業保持年度完整」以參謀總長名義通令三軍，這也算是國軍預算財務業務一份劃時代的歷史文獻。

陸海空三軍及聯勤之經費依新制要先有「工作計劃」再分配預算，統收統支，受影響最大的是聯勤總部各特業署處及海空軍後勤與特業署處，例如聯勤「通信經費」理論上是國家交付聯勤通信署為支援三軍通信器材補給和通信勤務支援的專業經費，並非「通信署」經費，最大分別是觀念的改正，與通信署本身事務支出不能再由其所主管支援三軍的通信經費開支，且經費的運用，受到國防部頒訂之預算科子目侷限，而預算科子目則係國防部政策制訂部門，依施政重點所設計規範，各勤務署處因統收統支無法任意流用。同時國防部對各科目預算的工作計劃實施了「事前審核」。至於各署處首長在預財新制中最大益處，理論上將不需再以有限經費預算負名義上的無限責任。計劃執行完畢對已支用預算除工作計劃的績效考核，也無需再辦經費事後報銷，因為經費預算係由財務收支單位依業務單位憑合約單據作預算簽證後，直接支付債權人。聯勤財務署設有「帳務審核中心」專責保管各業務單位因預算支用所備具的合約、驗收單、債權人發票、收據等全部憑證，備國防部內部審核單位及國家審計機關再作事後審核。

國防部所屬凡有業務費預算之單位，應依預算科子目就所分配預算先期編訂「年度工作計劃」係落實「計劃與預算」、「預算與收支」、「收支與執行」、「執行與考核」真正密切配合的基礎。因此「年度預算工作計劃」內容的落實非常重要，才能作為各業務單位及主計預算單位、經費收支單位、審核審計單位，各階段共同有效依據，故對工作計劃內容，特別訂頒明確具體規定通令遵行，說明如下：

（一）一般說明：計劃編號（依預算科子目編訂，不同預算子目須分別編訂劃）工作計劃項目名稱、計劃總金額、主管單位（指本機關之主管組處以明職責）。

（二）方針：簡敘計劃緣起及現行政策與計劃目標。

（三）現在狀況：人、時、地、物、事的現況考慮，包括與美國軍經援的配合。

（四）計劃內容：量（項目、品量）、質（標準）、力（金額、執行人）、時（分月進度）。

（五）明細表：明細程度到實際預算支用之執行單位，說明經費計算標準，並附單位別、月份別之預算分配表。

要求各有業務費預算之業務單位（例如聯勤總部各特業署處、海空軍後勤及特業署處）於年度開始前即訂定具體的全年工作計劃（當年三軍及聯勤總部所屬共計實有六百三十個工作計劃項目）起初也曾有窒礙難行的反應，但當時國軍正參考美軍「計劃制度」研訂國防遠程、中程、近程計劃作為，又國軍中堅幹部也了解美軍管制長新制，其「企劃作業」與「檢討分析制度」正風行一時。且國軍凡有四八〇法案經援計劃申請作業經驗之單位，對預財新制訂立年度工作計劃所要求內容也有順理成章無法反對的共識，故年度工作計劃推行經過宣導輔導，最後也尚稱順利，並獲得圓滿效果。

計劃與預財新制推行初期，特別是聯勤各特業署處正副首長也有不同反應直達參謀總長，周至柔總長一度也曾探詢「這是不是一個好制度呢？」此時國防部預算局長徐鳳鳴將軍已從美國陸軍財務學校受訓回國，他了解軍費核實方案及預財新制與美軍管制長制度在精神與內容上吻合，乃對預算局內部下達全力配合的指示，並表示「自己未做，不能妨礙別人去做。」我相信徐局長必然向參謀總長也作了很正面的報告，周至柔總長的決心乃格外堅定。

聯勤總司令部基於所屬八大署處，全都與軍費核實方案與預財新制有密切關聯與影響，總司令黃鎮球上將在各署處首長情緒反應下，特別邀請國防部第四廳舉行一次聯席會議，宋達廳長率同各組組長出席，我係第四廳任務編組的軍費核實小組中校小組長，也指定出席。輪到兵工署報告時，代表唐君鉑署長出席的副署長童致緘提出「業務臨時費子目規定係總司令權責，但總司令批准了，又認為不合規定」我當時針對兵工署案例提出了「經費運用機關首長與幕僚職責區分」的說明，凡變更經費運用計劃，其支出項目是否符合法令規定，業務主管人員有主動檢討報告之責，如屬不合規定事項，未經明白簽註，而呈請主官批准者，承辦人員應負責，又同案承辦單位，在上呈主官之前並有送會本機關預算單位之責，各機關預算官對不合規定案件，於送會時未簽註說明「與規定不符」雖經呈奉首長批准，預算官仍應負不法簽證之責。機關首長僅於所屬明確註明不符規定而仍批示辦理者，方負主官職責。聽了我的說明，童副署長大呼「這樣我們不是成了矇蔽長官」，黃總司令很嚴肅的轉問宋廳長意見如何？宋達廳長即席指著我答覆說：「他的說法不很明確，但意思是對的。」黃總司令聽宋廳長答覆後，乃指示聯勤主計署林運祥署長將全案重新調閱，並同時宣佈散會。這次會報對預財新制及計劃作為的推行，因觀念溝通，具有實質上幫助。我也被聯勤同仁一時謔稱為「張高參」（因為我身高確是一九〇公分）。

綜合軍費核實方案的推行，確實達到了軍中業務經費，「有計劃方有預算」、「有預算必有計劃」、「政策控制預算」、「預算表現政策」、「施政重點必為預算分配重點」。同時預算也確實推動了執行與收支、計劃不行，經費不付，保證錢用完了，事也辦了。計劃進度落後的工作項目，在預算支用報表中，也一覽無遺。可促進進度落後項目即時檢討與障礙排除。年度預算工作計劃的訂立，收支機關對支付憑證的集中保管，使錢的審計與事的考核有原始計劃和原始支付憑證，作為檢討分析共同準據。用錢單位很多積習性不經濟支出在計劃初期已被刪除，計劃餘額除非重提計劃，因為錢在收支機關也無法坐支。一個講求現代化管理機構，依政策編預算訂計劃、照計劃辦事，依預算用錢，不實際管現金，也就不需要事後再辦錢的報銷，機關首長職務異動，辦理交代，在財務方面可謂非常輕鬆，沒有報銷清不清楚的交代問題。

預財新制實施十一個月，一九五三年終適政府舉行國民代表大會，財政部長嚴家淦向大會報告國家財政時，對國防部軍費核實，預財新制特為讚揚，因為當時軍費預算占中央政府總預算達七〇％，另一項對國家財政始料未及的貢獻是國家財務調度上，因每年上半年，所有中央歲入預算，如稅捐收入、國營事業收入、煙酒公賣收入，在上半年解繳國庫者很少，因而造成國庫資金的季節性落差，唯有靠臨時增發通貨應急，財政部門感受極大壓力，自國防部實施統收統支，凡計劃沒有執行進度，錢都保存國庫，不能支用，國庫現金流動因時間落差，增發通貨的壓力，大為紓解。

蔣（中正）總統根據各方面反應，認為國防部預財新制妥善可行，曾飭令行政機關亦應照此樹立新財政制度，繼而在國家總動員會報第十四次會報再指示「行政部門應即照此辦法樹立財務制度，不必顧慮其他阻礙」（參見行政院台四十二財字第四四六五號令）。可惜總統全文指示雖然明確，行政機關至今迄未推行落實。

更遺憾的是台灣行政機關自李登輝、陳水扁執政以後，政風敗壞，機關預算與實際收支之落差，不斷擴大，普遍發生預算任意流用現象，年度歲出經費餘額，竟會流入所謂私庫，金額逾百億元，當時若政府已參照國軍計劃管制與新預財制度，對各行政機關經費運用嚴格採行計劃與預算管制，並統收統支，這些流敝必會因制度的功能而難以發生，縱有出現亦將因現金流程透明化，職責區分明確，收支與帳務憑證集中管理，便於查核追究。

## 八年中校，晉升上校

我自一九五一年即在國防部第四廳擔任上校職缺工作，當時我任中校也已六年，但國防部人事部門，審核我服軍官役的全年資不足，不能晉升，緣於抗日戰爭期中，政府為鼓勵士氣及作戰需要各階軍官停年一律減半，例如少尉升中尉平時停年為兩年，戰時則減為一年，迨抗戰勝利則一律要補足以往減半的年資方可繼續晉升，因此我延到一九五三年元月方晉升上校，先後任中校八年之久。同年十月，我由軍費核實任務編組小組長升為第四廳六組副組長。一九五五年十一月我考試錄取國防部財務經理學校高級班第一期受訓，接受美制經理軍官後勤補給及陸軍團營戰術訓練，並以高級班第一期學號第一號，又係第一名成績畢業。訓練期滿我仍回第四廳工作。

一九五五（民四十四）年我因「策劃建立及推行國軍新預財制度有功」奉蔣（中正）總統頒發陸海空軍褒狀一軸。在國防部第四廳隨我參加推行軍費核實，建立新預財制度工作同仁，先後為陸軍王其然、陶筱波、王嵩、張伯祥，周鐵英、史雲峰、海軍尉遲棟、空軍魏芸等。

國防部為審議作戰臨時費預算、主要為外島工事，成立「戰臨費審核小組」作戰次長羅列中將主持，第三廳係副廳長蔣緯國將軍代表出席，我代表第四廳，預算局係朱化純組長代表，由於大家事先資料準備完善，我們在羅次長辦公室，羅將軍坐辦公原位置，我們三人坐羅次長辦公桌前面小圓桌位置，很有效率地審決案件，每次會議均不超過半小時。

## 高司講習，美軍戰場管理新觀念

一九五六年四月我奉派參加國防部在高雄左營海軍兩棲訓練基地召訓的「三軍聯合作戰高司講習」，陸軍軍長，海軍艦隊司令、空軍聯隊長、國防部聯參組長級參加，此係美軍戰場管理系統一種新觀念講習，開啟戰場陸海空指揮、管制通訊、情報之系統整合，藉以在同一時間，對同一戰場目標，能立即發揮有效攻擊力量，無論反攻大陸或台海保衛戰均極有價值，當時前第四廳副廳長張偉華也以空軍聯隊長身份參加這次講習。

## 金門坑道與八二三砲戰，蔣（中正）總統剛毅遠見

一九五五（民四十四）年春中美共同防禦條約生效，美國務卿杜勒斯來台，與我國互換批准書。並晉謁蔣（中正）總統會商協防事宜。嗣蔣（中正）總統在接見英國報紙記者和美國紐約時報塞資柏格均強調防衛金門馬祖的決心，如共軍來犯一定為防衛金馬而戰，總統作此宣示，乃緣於美國軍政各方曾多次勸請我國放棄金馬，堅守台灣，因而對金馬是否包含共同防禦條約範圍也並不明確。蔣（中正）總統為確保金門守軍能不受共軍陸空砲火襲擊、威脅，提出構建金門坑道，使金門地下化的大計劃，也為美方反對，認為島嶼防衛無法持久，大坑道沒有必要，蔣總統堅持，美方最後表示「不反對，但美援不支持。」蔣總統決心全部以國家預算支應。金門坑道係鑿石穿孔，先埋炸藥一步一步炸石構建，工程浩大艱辛，鑿石鋼鑽鑽頭消耗極多，不斷以有限外匯向日本化名採購。蔣總統在每週軍事會談，緊追工程進度。當坑道工事將大功告成時，某次軍事會談廳長參加會議後在晨報轉述，當檢討金門坑道工事進度時，蔣（中正）總統曾含笑說，「劉玉章（按劉當時係金門防衛司令）土頭土腦的，也跟著講外島防禦坑道工事沒有必要」總統

語氣雖不以為然，但也不以為忤，因劉玉章係在台少數具有大陸戰場大兵指揮經驗的高級將領之一，甚受鍾愛，劉在金門防衛司令任內，對構築坑道工事，雖面臨艱辛，仍奉命唯謹。

金門坑道工程規模浩大，坑道內部可通行車輛，現已對外開放參觀的擎天廳，平時係官兵娛樂的電影及戲院，戰時作為傷患醫院。一九五八（民四十七）年八月二十三日中共突向金門實施重砲攻擊，一天落彈即達五萬多發，金門一百五十平方公里土地，共軍先後發射九十七萬發砲彈，設非蔣（中正）總統，洞燭先機，力排眾議，以無比堅強決心，早期完成宏偉坑道建構，金門十萬守軍必傷亡慘重，國軍於八二三砲戰的勝利就更無從侈談了。

## 晉升少將編階組長職務

一九五五年國防部第四廳由空軍劉炯光少將接任廳長，此時國防部預算局徐鳳鳴局長曾兩度向我表示要調我到預算局擔任組長，一次係預算局四組何光敕組長請退，但後來徐局長向我表示因台灣省保安司令部雷驚寰要調任國防部總務局預財室主任，彭總長交代現任主仕蕭子倜由預算局妥為安置，徐局長為應對臨時狀況，祇好將何光敕遺缺先安置蕭子倜接任。不久徐局長再向我表示，第一組長許敦彝要退，將調我接任，此後，徐局長又表示因彭儒宗國防大學畢業，需要派職，局內同仁堅請由彭升任許組長遺缺，徐局長眾意難違，我當然很謙誠地向徐局長表示謝意，接著一九五七（民四十六）年一月蒙劉炯光廳長提名，我在第四廳升任少將編階組長職位，先係第十組組長，後改編為第四廳四組組長，兵工上校孫毅及經理上校王其然分任副組長。

參謀總長彭孟緝上將在核定我組長職位時，先要約見，曾詢我在國防部服務多久，我回答已有五年，當時彭總長很表示詫異，後來國軍依照美軍人事制度，推行「經歷管理」軍官在同一單位久任同一類職務的現象乃有改進。但很巧的是彭將軍在國防部曾先任副參謀總長，不久桂永清總長遽因心臟病逝，彭升任總長約兩年後，調任陸軍總司令歷練，嗣又接替王叔銘將軍再回任參謀總長，先後在國防部任總長，副總長職也超過五年，當然這是特殊人事現象。

四廳十組（後改稱四組）的職責除全軍後勤部門經費預算（佔整個國防經費預算總額五十七％）工作計劃的政策指導與審核及事後績效考核，另一項主要職掌為物的管理，與軍品採購。本於職掌我鑑於世界各國自第一次大戰以後，對標準事業日益重視。日本對小如房屋、門窗、地蓆均有一定國家標準，因有國軍軍品標準化之擬議，期使國軍軍品之獲得，儲存、分配、保養達到科學管理境界，並配合國家「標準法」之實施，更增國家工業發展與戰時工業動員能發揮縝密配合效果，兼以應因美國軍援作業需要，達到國際共同防禦聯合作戰要求。標準化內容涵蓋物品名稱、符號、資料、尺度、性能、功用、包裝、檢驗方法、公差、安全法規及必要圖說、經以（四六）樑林字三八三號令，以「國軍軍品標準化實施計劃」通令三軍推行實施。

關於軍品採購，當時基本工作為「軍品採購規則」之訂頒，參加規則起草研訂的為副組長兵工上校孫毅，參謀鍾瑞瑜、許子清。另一項創新工作，為接納美軍顧問團建議，實施「軍品集中採購」，國內集中採購以三軍通用物資為範圍，國外採購，則一律集中辦理。並奉行政院指定中央信託局為集中採購承辦單位。中信局為作業聯繫便捷，於一九五七（民四十六）年十月特成立軍資聯絡組，由該局採購部經理林芳伯兼任主任，我代表軍方為兼任副主任。三軍及聯勤特業署派聯絡專員定期集會、聯繫購案進度與程序問題，各購案之開標、決標，仍依審（審計部），監（國軍政戰監察單位）系統逐案處理。

## 陸軍指揮參謀大學

一九五八（民四十七）年四月我被選送陸軍指指參謀大學正規班第十一期接受國軍深造教育，陸參大係完全的美式教育。參謀作業、狀況判斷，作戰計劃、作戰命令一律係美軍制式，戰史教案亦均係二次大戰歐洲戰場對德作戰實際案例，教學課目內容與美國陸軍指揮參謀大學，對美軍官的教學係一致的，衹係「化生放作戰」課程局部保留（化生放係指化學、生物、放射線作戰，另為原子彈作戰戰術）。

一九五八年九月我在陸參大受訓期間，國防部陸海空次長及五個廳依照美制改編為人事、情報、作戰、後勤、計劃五個次長室、各廳廳長改稱為「助理次長執行官」原來廳內所設各組，改於各次長室設處，組長改稱處長。當時我因正在參大受訓，未編列後勤次長室，並奉調為國防部高級參謀，除支領上校本薪外，仍繼續支領少將二級編階組長職務加給，另俟畢業後分派職務。

## 留美陸軍經理學校

一九五八（民四十七）年十一月我陸軍指揮參謀大學正規班十一期，以四七二之二二績序畢業，時聯勤經理署正辦理美國陸軍經理學校高級班選訓，我因當時未有實職單位能獲得單位選訓名額，所幸尚有兩名一般考試名額，我乃報名參加一般考試並獲錄取，全班中上校級軍官四十人，分批搭美軍軍機經菲律賓克拉克空軍基地轉飛美國加州空軍基地再乘專列火車，經芝加哥中央車站小作停留然後原車南下繼去維吉尼亞州李堡（Fort Lee）經理學校。李堡係歷史性營區，美國南北戰爭率領南軍抵抗美國政府軍的李將軍（General Lee）設指揮部於此，現在則為美國陸軍後勤補給的最大訓練基地。營區房舍則還是二次大戰以前之建築，上校級軍官學員每人一間套房，包括臥室、客廳、浴室各一，營區在學校教室附近設有軍官餐廳，因為營區食物免稅的關係收費極低，早餐每餐不超過五元，理論上軍官晚餐均應在軍官俱樂部用餐，但留美同學們為了節省錢多半在軍官餐廳用餐，也不需付小費，國軍留美軍官留美期間，美援支付月費約每月三百美元，另我國政府每月補助二百五十美元，依當時物價食宿零用足夠開支，但當時國軍軍官月俸僅約美金十幾元，有些學員儘量節省，希望學期終了能有三幾百美元積蓄帶回國內貼補家用。學校課程因國內我國陸軍經理學校高級班完全採用美校教材，我係國內經理學校高級班一期畢業，面對相同課程，所以學習很輕鬆，可以有充裕時間參加課外活動，如校內菲律賓籍、韓籍同學的交誼，一位菲律賓同學，初次見面就熱誠地表示：「其實我的身體也流著中國血統」，原來他是華裔菲人。學校課業快結束時，舉行一年一度的校際聯合演習「後勤大演習」（Log.X）。陸軍其他兵科學校如工兵、運輸官科學校還有陸軍婦女輔助隊學校（WAX）均有同學來李堡（Fort Lee）參加演習。華文第是我抗戰期間戰友華嵩如長女，也以WAX學員身份和幾位韓國留美學員來校參加演習，我特別邀請她們與當地教會基督教家庭見面聚會。

## 參加基督教浸信會，接受歸主。

美國陸軍經理學校校址李堡（Fort Lee）係屬維吉尼亞州（簡稱VA）為美國南方最保守一個州，我一九五九年留美時，火車座位黑人、白人還是分開就座的，餐廳和公共場所均嚴格禁酒，居民多虔誠信仰基督教，並以浸信會（Baptist）居多。學校附近彼德司堡鎮，一座以馬內利浸信會（Lmmnual Baptist Church）牧師與教友非常熱情，每星期日早晨均開車來李堡學校，接我們幾位中國同學去教堂參加主日崇拜和午餐。我同班同學陳敖齊上校陳佑佩中校先後歸主受洗。維吉尼亞州省會里其滿（Richmond）一家中國餐廳主人黎國周（Mr. William Li）在Richmond浸信會教會很活躍，特別安排我們一行六位中國留美同學參加當地兩大教會週三晚禱會，並由我代表發表十幾分鐘的英語演說，會前先由中國教友張安德夫婦和一位美國文學博士班學生徐雷小姐幫助我斟酌講稿，青年牧師Dr. Dalton Ward和美慧的師母Dr. Marjory Ward幫助我練習和矯正英語發音，我們在彼德司堡和里其滿幾家大教會均有很成功的表現。學期快結束，我們要摒擋歸國了，但我一直沒有表示接受歸主，基本上我是一個有神論者，我母親是虔誠佛教徒，但我對台灣民間偶像崇拜的佛教，沒有歸屬感，佛家對「禪」的闡釋我很敬佩，也稍有體悟，我將「禪學」與「辨證學」合併探討，我覺得禪學不應為佛教獨有。Ward牧師夫婦及教友Mr. Wells一再與我談歸主的事，我將內心尚有的存疑問題向他們提出來，一是我們國人通常所信奉的「儒教」問題，二是基督教說人人都是「罪人」的問題，三是在中國，基督教徒不允許祭拜自己祖先的問題，牧師表示他對中國文化不夠了解，這些問題最好等回台灣以後，與中國教會討論，但Ward

師母很精微深入地問我：一、孔子除了對人的生活教化以外，對人的生死問題和身體死亡以後的事，可有說明，我答以沒有，我記得學生多次請問孔子死亡的問題，孔子僅說「未知生、焉知死」，如此Ward師母的結論，孔子是一位偉大教師，儒家學說並不是宗教，我認同了她這個見解。其二祭祖的問題，Ward師母問，祭拜祖先是什麼心情，是否和敬神一樣？我說祭祖與敬神是不一樣的，祭祖是追思報恩，美國也有memorial service和memorial day敬神則是對上帝的崇拜，Ward師母的結論，「祇要不是以崇拜上帝的心情祭拜祖先是沒有問題的」，故此我歸主以後每年清明、中元、歲末辭年、我是繼續維持家祭祖先的。後來在台灣天主教于斌樞機主教，每年元旦日，也開始發起各宗教聯合「敬天祭祖」打破了天主與基督教「敬天」不可「祭祖」的保守觀念。三、關於「人人都是罪人」的問題，我從英漢字典認識到英文對違反宗教神底箴言誡規的罪是「SIN」，違反法律犯罪的罪是「CRIME」，違反社會道德倫理「VICE」，原是三種不同用字，基督教說人人都是罪人，要我們認罪悔改是用「SIN」不是指法律上的罪（CRIME），應是中國教友在中文翻譯時的用字問題。或者也許刻意用「罪」字廣泛涵蓋了宗教上、法律上、道德上一切不當行為，讓信徒在歸主以前，先徹底否定過去，而獲得新生。總之心理上三大疑慮解決了，當我將離美歸國的前二日，在維吉尼亞州彼德司堡的以馬內利教堂，晚禱聚會臨了前，牧師強烈地發出歸主的呼召，一再要求教友們延長聖詩的詠唱和盼望，全場二百多人，其中尚未歸主的祇是我一人、呼召、詩歌、盼望均是對我而發，我感受到國際友人為追求失落的一隻羊，所散發的至情，也感應到主，全能上帝的召喚與恩典。當晚我終於步上壇前，決志歸主，在大家熱誠祝福下，牧師宣佈明晚，也就是我離美歸國的前一晚，特別為我舉行崇拜和施洗。我因而也正式成為一位基督徒。關於後續靈命的增長，牧師夫婦介紹我美南浸信會差派在台北市吳興街基督教神學院的Ms. Matha Franks和Ms. Glass，同時介紹我向台北新生南路懷恩堂報到，在懷恩堂我認識了張繼忠牧師和張真光夫婦，但後來我實際參加了浸信會神學院在台北市中山北路的真光堂，周聯華牧師是真光堂領銜的牧師，實際負責教牧的是栗桂森牧師。

我受洗的這座教堂，於三十六年後，我赴美國加州探訪女兒嘉玫，曾專程飛到南卡羅萊那州Columbia城，看望已退休的Ward牧師夫婦時，承他們開車兩天一夜，穿過北卡羅那州到維吉尼亞州彼德司堡，專程重回以馬內利（Immnual）教會，一同回首當年，但已人事全非，Mr. Wells和幾位常接送我們往返李堡和教會的教友均已作古，家人也遷離本鎮。我們也去了李堡（Fort

Lee），在軍官俱樂部午餐也不見當年盛景。

由美歸國前，我去了一趟紐約，住在基督教青年會一家宿舍，參觀了時報廣場，洛克斐勒中心，也登臨了帝國大廈，我對紐約藝術館石膏人像，特感興趣，曾托在美國大使館武官處服務的國防部舊友張天鋆夫婦為我拍攝了全套照片，很謝謝他們的用心。

## 海上航行，留美回國。

我們留美歸國旅程，係先乘火車由維吉尼亞州李堡橫越美國南部幾個州到洛杉磯，再分兩路，大部份同學由洛杉磯去舊金山搭機回台，我與六位同學則係由洛杉磯到Long Beach搭軍用客船Usns General Sultan號返國，按照美軍規則，無論飛機、輪船、上校均係VIP待遇，船離Long Beach先到聖地牙哥，接運一批海軍陸戰隊，同時另有幾十位美國海軍駐遠東太平洋艦隊旗艦聖保羅號軍官眷屬，她們均很年輕，初次到日本探親旅居，航行途中，我們常一起玩牌，在甲板上喝咖啡聊天，二十多天航程頗不寂寞。同船尚有幾十位奉派到日本或琉球、台灣，去服務的美國陸海空軍軍官及眷屬，其中階級最高的是一位陸軍准將E. A. Salet將軍，將就任琉球軍政府。他隨行眷屬中，有一位很美慧的長女，對中國文化頗有興趣，起初我們接觸頗多，祇是航行中途，船上開始舉行旅程皇后選舉，她與一位派赴台灣就任我國陸軍供應司令部首席顧問的Fox上校女兒競選，按照與競選當事人交誼情份，我們一定會支持這位赴琉球的Salet小姐，但Fox小姐係到台灣美軍顧問團服務的眷屬，我邀集幾位中國留美軍官會商，大家很遺憾地決定放棄對這位熱愛中華文化的Salet小姐之支持，全力為Fox小姐助選，結果Miss Fox當選，准將女兒不免心存介蒂，與我們就很疏遠了。同船來台美國軍官班賦思（Ed. Balmaforth）上尉夫婦在旅途中與我交往很密切，我被稱為他第一位認識的中國軍官，後來他三次進出台灣，最後升任美國駐華陸軍上校國防武官，我們建立二十多年的友情，他返美退役後，就讀華盛頓大學獲博士學位。船先靠琉球，再到日本大阪靠岸以後，聖保羅號眷屬每人均盛裝留在自己艙房裡，等待她們丈夫到艙房與她們熱情會面。船艦為再啟航要在大阪作必要整備，須靠泊多日，我們去台灣的中美旅客大家結伴到東京，一九五九年的東京，尚在戰敗之後的恢復期中，以當地計程車為例，駕駛開車動作很粗魯，我們每個去東京的旅客，差不多均有臂膀在乘車時被激烈碰撞的外傷，東京是因迎接一九六四年奧運方重建了大都市的風貌與新秩序。

## 學成回國　待命派職

留美回國後，我繼續以國防部高參名義等待分發新工作，經過了將近半年時間，起初聯勤總部財務署長吳嵩慶中將囑財務學校鍾時益校長專程到我台北龍江新村住所面邀我參加財務署工作，但我是時尚未回到國內，鍾校長以名片留言「日昨與吳署長嵩公談及吾兄才思超群，如肯轉任財務工作，必有更大貢獻與發展，是否有意於此，均請于日內赴吳處一談，耑此轉達，順請勛安」我因無意從事財務工作，仍希望在軍事後勤方面發展，所以回國後未曾去晉見吳署長，接著老長官宋達將軍，當時任國防部人事行政局長，告訴我新任陸軍供應司令唐君鉑將軍在接任後勤次長時，從過去第四廳檔案資料中，對我有相當認識，現在正找我，宋局長著我去見唐司令，我晉見到唐司令時，他很簡捷地指示，要我去陸供應部接任補給處長，並説就這麼決定，但此時唐司令因接受短期集訓，尚未正式上班，不久陸軍供應司令部陳聲簧副司令打電話到我家中表示「補給處長缺，因陸供部勤務處要撤銷，原勤務處長先已預定接任補給處長，問我是否願意接任陸供部預財處長」，當時我直覺認為我不能去頂現任預財處長司徒光職位，因司徒光處長和我係國防部第四廳同事，我任參謀時，司徒是副組長，故我電話中立即回覆陳副司令「不願接預財處長」。此後人事行政局長宋達將軍告知準備安排我去人事行政局接任人員供求組組長。但不久宋將軍奉派赴美考察，宋將軍告我，「此次赴美，總統（先總統蔣公）曾面示要多留意考察美軍後勤，預料回國後將不會回人事部門工作，因此對我去人事行政局的腹案不再進行。」後來果然宋達將軍於訪美歸國即奉派接替唐君鉑將軍任陸軍供應司令，唐將軍則接任國防部中山科學院院長。

陸軍經理學校增設副校長一職，經理署長王未之提名經理署參加第二期留美的計劃研究室主任黃習焜。陸軍總司令羅列將軍增加我的提名，國防部人事行政局作業時，宋局長曾親筆簽註「張員留美回國正待派職，黃員留美受訓尚未回國」，後王未之署長見人事次長毛景彪將軍，毛次長再簽註「據經理署王署長意見，以黃員為宜」，最後參謀總長彭孟緝將軍批示「黃員可也、張員由陸軍總部妥為派職」。經理署王署長未之係浙江奉化人，在接任經理署前原任國防部預算局副局長，我在國防部第四廳策劃推行計劃管制與新預財制度與王也常見面熟識，因他畢生從事財務方面工作，並無後勤、經理素養，派任經理署長，並不令人信服，所以我從美國經理學校受訓回國，雖然係要派到經理署所屬工作，但我迄未向王未之署長作禮貌性拜見。事後回想以上經過恐難免與此有關。

宋達將軍在訪美出國前另告知我，國民黨中央黨部設計考核委員會，曾向他要求推荐行政三聯制方面人才，他推荐了邢祖援將軍和我二人。我覺得長期待命派職，不如放棄軍人生涯，轉業黨務工作，並有再轉業從政機會，新環境海闊天空，可奔向新的希望。但留美軍官依中美協議，回國後須擔任受訓相關工作，受管制一年，我面見了國防部人事次長毛景彪將軍，報告待命分發已久，並表示依規定我留美經理學校高級班，須到經理部門服務一年，但經理部門將級編階職位很少，縱然有出缺機會，優先考量本單位人事，亦人之常情，因此請求解除對我必須分發經理單位的管制，毛次長頷首表示「啊，你還沒有分發工作，我來安排」。未久經理署王署長忽然給我電話表示「經理學校教育長張潛剛調國防大學受訓，陸軍供應司令部推荐辦公室主任舒彥文接任，他覺得舒是財務專長，他願意支持我，但他不能主動提名，特別通知我希望自行爭取。」我很有被王要用來阻擋某人的感覺，因此我除了電話中表示謝意，事後並沒有採取任何動作，估計因為副校長派任的一段經過，我得於一九六〇（民四十九）年三月，經陸軍總部提名，國防部核定派任陸軍經理學校教育長，當時校長為姚紹榮少將，後於一九五二年十月張嚴上校接任校長。

## 陸軍經理學校教育長

經理學校前身為軍需學校，成立於民國元年（一九一二），抗戰勝利後推行美制，軍需官科分為「經理」、「財務」兩科，軍需學校也分設為經理、財務兩校，若干年後，兩校又合併，最終改編為「國防管理學院」。

國軍軍事教育來台以後已完全採用美軍分階分段體制，區分為「軍官養成教育」「分科召集教育」及「選拔深造教育」三個階段，「軍官養成教育」主要為陸海空軍軍官學校，其他尚有政戰學校、理工學院、國防醫學院，另候補軍官養成教育則係各官科召集教育體系兼任培訓。「分科召集教育」係依官科分別設立，如陸軍步兵學校，砲兵學校、裝甲兵學校、兵工學校、工兵學校、運輸學校、經理學校、財務學校、通信學校、軍醫學校、召訓對象初級班為尉級軍官，其軍事課程概為營連戰術、高級班以少中校軍官為主，軍事課程概為團營戰術，專業課程為師及軍團專業課程，「深造教育」當時分別設有陸海空軍指揮參謀大學及國防大學，屬選拔性質，凡晉升上校及將官者，必須曾受深造教育，且成績合格。召集教育及深造教育之軍事及專業課程，為因應同盟作戰，均一律採用美軍教材及教學。

經理學校，設於台北縣中和鄉積穗村，一九六四年美援撥款興建，占地八二、二九八平方公尺（約八百一十五甲）多為山坡地、學校編制官兵六百五十七員、其中專任教官一百一十員，階級自上尉至上校，曾受國防大學，指揮參謀大學及留美軍官占三十％，召訓學員正規班次為高級班，初級班，另軍官及士官專長班次很多，如補給、採購、油料、空投勤務、食品勤務、保養修護勤務、傘具（空降用降落傘）保養摺疊、軍墓勤務等，差不多每週一及週末均有開訓或結業班次，我因為曾接受國內及美國陸軍經理學校高級班雙重專業教育，也接受陸軍指揮參謀大學教育，可以勝任經理學校教育長職務，再經過幾個月熟悉業務，及與教官、學員個別談話聽取意見反應，接著主持訂頒了本校「教育改進方案」，內容重點包括：（一）高、初級班及候補，預備軍官班之教育階段重點區分，以配合國軍分階分段教育體制，確保各階段教育啣接而不重複，並有具體明確施教標準。作為不同班次教育計劃及課程講授計劃編審依據。（二）教學方法改進，針對不同班次學員專業知識，靈活運用講授，習題作業，討論，實習參觀見學等教學法。例如高級班經理專業課程，依改進方案修訂教學法後，講授時間平均由六六%減為三〇%，作業討論時間由三四%增為六〇%。（三）充實教育設備，增設專科教室及訓練場及美化學習環境，因為我在國防部第四廳服務期間接觸美援作業經驗，所以發動了學校教育設備及教材用紙張之美援申請，並獲得圓滿成果。學校正規班次生活教育，依規定由教育長親授，我在精神生活方面，特別提出「你要別人如何待你，必須你先如此待人」。在食衣住行的生活細節上，我則是用幻燈片著重提示東西方文化差異所最容易疏忽和違反習俗禮儀的個人動作，培養學員國際化生活素養。經理軍官最重視的是操守，因此在一般教學上，特別著重「榮譽觀念」，考試不及格可以補考，但絕對禁止考試作弊，並且一切以臨堂監考教官的判定為準，曾經有一位接受軍官養成教育的候補軍官班士官學生，考試帶小抄作弊，為了維護學校教育風氣，我堅持依校規處理，這樣這位士官就失去成為軍官的資格，上級司令部有從寬發落的意思，我沒有接受，後來驚動了陸軍總部副總司令羅奇將軍，將這位士官生改調工兵學校重新補訓，解決了兩難問題。

一九五〇年聖誕前一個週末，我發動了美軍顧問團經理組顧問及眷屬，與經理學校軍官團的排球友誼賽，我親自帶隊上場，賽後在學校聚餐。抗戰時期的軍需界大老，前軍政部軍需署長，已退休的陳良將軍，當日也蒞校參觀。另外在經理學校也先後接待了美國經理學校校區附近基督教浸信會牧師Ward博士夫婦，和由美回國同船來台的美國駐華武官班賦思上校夫婦。

## 國防部工業動員研究班

國防部（物力司）為充實戰備力量，計劃舉辦軍需工業動員訓練，對象為中央各部會，省縣政府及國營事業、承辦軍需工業動員業務人員、物力司司長王丕承將軍，組長佟壽勛當我在國防部第四廳服務時均有業務往來。我提出經理學校可以合作代辦此項訓練，有關外聘師資和專業教材及學員召訓，佟壽勛組長樂意承擔，定案以後，經理學校成立了一個「國防部軍需工業動員研究班」的任務編組，班本部設於經理學校，運用學校既有教育設施，國防部次長蔣堅忍中將兼任班主任，物力司長王丕承中將及經理學校校長姚紹榮將軍兼任班副主任，張華珩上校兼任研究班教育長，佟壽勛組長兼任副教育長、傅崇文兼任輔導員，經濟部李國鼎先生、財政部金克和司長、內政部統計長芮寶公先生、人力動員專家邵冰如將軍等均兼任講座，自一九六一（民五十）

年七月開訓，先後辦理兩期，共召訓學員八十一人，開學典禮均由國防部副部長梁序昭海軍上將主持。

## 陸軍特種技術預備軍官訓練

一九六三（民五十二）年初，陸軍供應司令部鑒於一些在理工方面學有專長但因年齡或體位不適預備軍官召訓之優秀青年工程師，在戰時亦能蔚為國用，奉准創辦特種技術預備軍官訓練，選訂經理學校承辦此成功嶺式的精簡預備軍官入伍訓練，完成入伍訓練後，再依個人學經歷分發各技術勤務學校接受短期專科初級教育，然後分別授以陸軍經理或兵工、工兵、通訊、運輸、化學兵尉級預備軍官。「陸軍特種技術預備軍官班」同樣成立了一個任務編組，陸軍供應司令部副司令王一飛中將，兼任班主任、經理學校校長張嚴上校兼任班副主任，經理學校教育長張華珩上校兼任該班教育長，經理學校班隊指揮部指揮官樓翰茂兼任預訓大隊長，專設一個預訓中隊轄四個區隊，先後召訓三個梯次，結業預官五百七十八員，學員年齡差異很大，從民國十三年次到二十九年次，學歷均係國內外大學畢業以上，社會地位有大學教授、副教授、有民間企業總經理、董事長，在第三梯次有一位李志村同學當時係台塑製造課助理工程師，四十年後，李已升任台塑董事長，第二梯次尚有一位十六年次的鄧秋水同學，當時係南亞塑膠廠長兼企劃室主任，他們均係台塑王永慶董事長屬下創業中堅。第一梯次有高雄市議會吳鍾靈市議員。三個梯次射擊教育我均親自率隊到靶場行實彈射擊。在五百七十八位預官中，分發經理兵科為經理軍官者計一百零六人，占十八%。

## 傘具班次跳傘訓練

經理學校士官專長班次，有「傘兵傘具摺疊士官長專業訓練」按照美軍教學規範，這個班次人人均須同時接受跳傘訓練，傘兵部隊所使用的降落傘，每次摺疊完成，均須曾受過這班次訓練的士官長親自檢查簽名，以示負責，而負責此項任務的傘具摺疊士官長如從無跳傘經歷，何以能體會摺傘安全性的重要，這是美軍非常理性的設計與要求。可是學校在施訓過程，這些士官長對跳傘訓練常視為畏途，本校這個班次教官均為傘兵出身、同時美軍訓練顧問莫爾中校也係傘兵，每次開訓他均親自隨隊登機跳傘，我常陪他到空軍基地，看到學員對跳傘訓練畏縮心態乃興起自己接受跳傘訓練的示範意念，同美軍顧問莫爾中校談起，他也很鼓勵我這樣做，隨即由教育處與陸軍傘訓中心進行聯繫安排，祇是不久，我奉調聯勤總司令部工作，這項個人的跳傘訓練計劃未能實現。

## 《古今圖書集成》——校藏國寶級圖書

《古今圖書集成》係十八世紀清康熙（公元一七〇一年）欽定編纂，於雍正（公元一七二六年）完成，（公元一七二八年）付印的大百科全書，集歷代經史諸子百家，含天象、地輿、明倫、博物、理學、經濟、可說文學、兵學、法學、理學、工學、醫學等包羅萬象。原書係銅模活字版，當時限印六十四部，大多係黃紙印成，由四庫閣及皇極殿、乾清宮分藏，少數為高級白紙印刷，作為王候賞賜之用，如英國皇家圖書館所藏為黃紙本，法國巴黎國家圖書館所藏為白紙版。後光緒十六年（公元一八九〇）總理各國事務衙門奉准委託上海同文書局石印一百部，以備頒贈國內外書院。不幸印成以後，大部份在上海棧房火災時損失，留傳不多，台灣國立中央圖書館，現有一部，惜因大陸運台時稍有散失殘缺。綜觀原版古今圖書集成數百年來因連年兵燹，列強毀損擄奪，全世界現存大約僅十一部，台灣僅故宮博物院及經理學校各保存一部。

陸軍經理學校所藏《古今圖書集成》傳承自學校前身「軍需學校」。軍需學校成立於民國元年（一九一二），當時奉大總統孫中山先生指令北平煤渣胡同前清貴胄法政學堂為校址，首任校長張敘忠先生在貴胄法政學堂遺留圖書中發現此珍貴圖書，貴胄法政學堂係王公及二品以上官員子弟教育學堂，故能在六十四部限量印行的《古今圖書集成》獲得頒發一部。嗣一九二六年軍需學校將圖書隨政府遷都南京臚政牌樓，一九三七年抗日戰起，軍需學校由南京先遷江西吉安，再遷四川，重慶近郊巴縣蔡家場。迨一九四七年抗戰勝利還都，此珍貴圖書雖在極艱困遷運保管環境下均能隨校妥善護運珍藏。一九四七年九月國軍「軍需」官科依照美制分為經理、財務兩科，軍需學校亦同時改組為經理、財務兩校，校址在上海水電路。原軍需學校珍藏之《古今圖書集成》經協議劃歸經理學校收藏。反共戰爭國軍中原會戰失利後，一九四九（民三十八）年一月經理學校奉令精簡人事、並由上海南遷福建，圖書文物先海運廈門，再乘木船上溯漳州，時校長武泉遠少將奉調台灣警備總部參謀長，由教育長吳文權將軍代理校務，吳係軍需學校學生班第五期，一九三二年畢業後保送留學英國倫敦大學經濟系。一九四九年蔣（中正）總統下野，李宗仁副總統代行總統職務，四月學校在漳州奉到聯勤總司令部命令，著於五月底結束，全體人員自動解散，武器彈藥送繳廈門要塞司令部，各項公物准酌情處理報備，此時共軍已迫抵漳州外圍，與國軍發生前哨戰，學校同仁心懷忠貞千里遠行，隨軍南遷福建漳州，忽而奉令解散，身在異鄉人心浮動，吳文權教育長召集主要幹部范津、徐多楠、李善甫、關玉鑾等密商　致認為一般圖書器材如損失仍可重置，唯有《古今圖書集成》乃國寶級文物不可散佚，縱是移交當地廈門大學，大家可一走了之，然兵荒馬亂亦不安全，決議無論如何困難，務必設法運送台灣，吳教育長並先飛台灣佈署，范津科長等負責留守，並號召同仁發揚大義，保產護產，留守同仁紛紛響應捐獻個人僅存極微生活積蓄，作為《古今圖書集成》木箱整修及船運費用，乃得將此珍貴圖書八十八箱雇用小船先運廈門再待船運台。范津科長以一個已經奉令撤銷的單位，在廈門軍運辦公處接洽船隻極不順利，經一個星期困守軍運辦公室，最後幸獲聯勤南京首都被服廠遷廠機遇，得以隨搭海列輪於一九四九年七月平安運抵台灣基隆，繼運存於豐原軍需署第三被服總庫由學校圖書管理員關玉鑾主動負責檢查陰晾整理保管，直到一九五一年四月軍需署呈請復校，奉國防部令准先成立軍需訓練班再行復校，並在軍需署長兼任軍需訓練班主任吳嵩慶將軍特別關注之下，原書歸運台北松山軍需訓練班接管。一九五四年六月軍需訓練班改組為「財務經理學校」繼而財經學校再依美制於一九五五年三月分編為經理、財務兩校，《古今圖書集成》仍歸經理學校接管珍藏。一九六二年十月張嚴上校接任校長，逕將校藏《古今圖書集成》獨斷專行獻呈總統府國防研究院，後政府多次改組，國防研究院亦告結束，我對此國寶級圖書下落不明，深以為慮，幾經探詢，循線自東吳大學王董事長紹堉及圖書館長丁原基博士獲悉國防研究院結束時，已將此珍貴圖書完整移贈國立故宮博物院接收，並獲得證實，乃深感釋懷。

## 聯勤聯四助理副參謀長

眼前綠油油的田野，忽地一片金黃，稻子熟了，接著金黃的稻田，變成低坦的田野，幾個月後，又滿眼綠油油，再是一片金黃。台灣北部稻田一年兩熟，經理學校校區正門，距積穗村馬路有一百公尺，其間全係平坦稻田，學校門前道路將田野分成兩大片，我每天上下班，從吉普望向兩側田野，綠了，黃了，又綠了，屈計已有八個循環，忽然驚覺，來經理學校任教育長，瞬已超過四年，按照軍官經歷管理，我需要尋求轉換職位，當時國防部副參謀總長空軍賴名湯將軍新任聯勤總司令不久，賴將軍任國防部參謀次長時主管情報（第二廳）與後勤（第四廳），其時我在第四廳任組長，業務上有些淵源，我覺得或有機會，我晉見賴將軍表達願意到聯勤總部追隨服務意向，承蒙賴將軍隨即陳報國防部指調我擔任聯勤總司令部聯四助理副參謀長，一九六四（民五十三）年六月一日，我離開經理學校到聯勤接任新的工作。

國軍聯合勤務體制，原係美軍建議，起初聯勤係以經理、財務、兵工、工兵、通信、運輸、軍醫、測量八大後勤業務為主，後來這六項後勤業務，應陸軍總司令孫立人將軍不斷要求，撥還陸軍，成立陸軍供應司令部遂行任務。聯勤的聯合勤務則調整為財務（軍費收支、官兵直接發餉），軍需生產（包括各兵工廠、被服廠、糧秣廠），測量（大地及航空測量、軍用地圖編印），軍事工程，採購（三軍軍品集中採購），留守業務（撫卹、後方軍墓勤務、軍眷照顧），國外物資接收（主要為美國軍援物資裝備在基隆高雄港口和松山、清泉崗空運基地接收轉交陸海空三軍）與外事服務（對美軍顧問團生活照顧）計編為八個署處。

一九六四年九月美軍顧問團團長因與聯勤賴總司令的友好關係，特別為聯勤高級軍官安排了一項日本「美軍遠東後勤中心」的訪問計劃，往返均係美軍顧問團長專用軍機接送，計兩個梯次，第一梯次由副總司令麻清江中將領隊，團員有聯勤總部參謀長劉景揚中將，兵工生產署署長趙國才少將及聯勤總部聯四助理副參謀長張華珩上校，美軍顧問團聯勤組派一位少校經理顧問隨行。美軍遠東後勤中心位於日本立川空軍基地，在全程參觀中，我印象最深刻的為一切後勤作業與資料處理完全電腦化（ADPS-Auto data Process System）。這係我二次大戰後第二次到日本，奧運先帶給了日本一番新氣象，後來韓戰聯軍在韓戰場龐大物資需求和軍事工程，以及盟軍官兵個人薪餉與眷屬在日本的各種消費，更促使日本經濟蓬勃發展。國民生活無論在文化或經濟表現上，已非一九五九年我第一次旅經日本時那樣落後和保守。我們訪問團經常係在基地軍官俱樂部用餐，訪日最後一天晚餐，幾位高階團員離席後，我試著邀請餐廳這位美麗而有氣質的會計小姐下班後一同外出，她在幾位美軍軍官的同時邀請下，接受了我的邀請，我們先去了一家叫鶴的中國餐廳，餐後她邀請我去她宿舍，當時她室內電視新聞報導正放映日本左翼份子強烈抗議美國核子軍艦進泊日本軍港橫須賀示威遊行，她指著畫面對我說：「她是橫須賀人，她知道這些遊行均是雇用來的」同時問我「是不是共產中國，如果你是，請立即出去」我欣然回答，我非但不是共產黨，而且是反共的，我是來自最反共的台灣中華民國軍官，我並且表示，你這樣語氣，雖然不很禮貌，可是我很贊佩你如此堅決的反共態度。接著我們享受了非常歡愉的異國情緣，因為第二天訪問團即將回台，深夜，我們不得不依依惜別。

## 南勢角飛駝一二村

國防部在台北縣板橋有一批克難眷舍，因連年颱風水患，規劃遷建，其中屬軍人遺族住戶一百戶，責由聯勤負責，聯勤則係由聯四副參謀長室主官，在我到聯四任職之前已選定台北縣南勢角為新建地址，並已完成工程設計，又聯勤本身官員眷舍亦有一百戶，同時同地興建，稱為飛駝一二村，此時聯四副參謀長鄧為仁少將入學受訓，一九五五年五月一日，由我代理聯四副參謀長職務，工程發包開標結果，按照預算有標餘款，我因曾在國防部南機場雙園新村十號居住有年，對此種克難眷舍最感不適合的是每二十戶合用一排公共廁所，清潔衛生管理非常困難，因此對本案發包後預算餘額，堅決爭取用於追加原工程設計增建各戶獨有的衛浴設施，並奉核准，成為國軍克難眷舍每戶有獨立衛浴之創舉，房屋建築很順利，不意眷屬進住以後，當年秋颱來襲，飛駝一二村竟然也發生水患，遺族住戶當然大為不滿，我帶著主管工程的第四組組長吳雯上校，一面涉水救災，安撫住戶，一面設計趕工加築檔水牆，不眠不休，確是疲於奔命，當時我曾追問吳雯組長，建地係如何選定，吳上校説曾調閱過近二十年水文資料，當地警察派出所也表示從無淹水紀錄，這批遺眷係因板橋水患，被遷往南勢角，熟料剛進住不久，又遭遇水患，非常諷刺。很幸運的係經過與地方水利工程部門的協調規劃、施工，此後水患再也未曾發生，於今南勢角已通捷運，成為很繁榮的一個新社區。

## 電腦化作業籌劃

我在美國陸軍經理學校高級班受訓，及後在日本美軍遠東後勤中心參觀見學，對美軍在後勤補給系統電子資料處理作業（ADPS）印象深刻，鑒於聯勤總部三軍聯合勤務殊有應用價值，乃於一九六四年十月，擬訂「建立聯勤電子資料處理制度（ADPS）計劃」，呈奉總司令賴上將核可，計劃第一期納入ADPS作業者為兵工生產署材物料管理及美援申請作業，財務署軍費收支帳務處理及同胞儲蓄會儲金作業系統，測量署大地（三角）測量，由總部聯四及上述三個署調派人員成立籌備小組（ADPS Task Group），聯四助理副參謀長張華珩兼任組長，組員為張惠忠中校、王岳齡中校，楊昉上尉、黃鎮清上尉、陳銘窗上尉，先參加台灣IBM公司電子計算機基本原理及計劃設計訓練。IBM代表黃敬譽先生係前聯勤總司令黃鎮球上將幼公子，因此對聯勤ADPS小組特別熱心，小組也同時觀摩了國防部人事次長室及陸軍供應司令部IBM360-20作業及台糖公司IBM 1620作業。在籌備過程中，曾陸續與美軍顧問團聯勤顧問組多次協調，並建議將計劃所需電子計算機租金列入六十七軍援台幣計劃，顧問組對聯勤建立ADPS表示積極支持，但機器租金因美援政策限制，不能確定支持，繼建議待顧問團邀請美軍太平洋專家來台作統盤性審查後，在有利情況下再作考量。一九六六年九月美軍太平洋總部ADPS專家經視察三軍及聯勤ADPS作業或籌備單位後，提出書面報告，有關聯勤部份「聯勤完成極週詳之設計及充份準備，惟在國防部主計局尚未有合格專業人員前所訂租機器請延遲，聯勤籌備小組所採用計劃評核（PERT），充份表示聯勤已能有效運用極有價值管理工具之明證。聯勤財務學校應增設電子計算機班次除講授理論外，並應注重實習，以普遍發展ADPS之工具。」關於ADPS機器租金我與美軍顧問組協調暫列聯勤六十七軍援台幣餘額後，因軍援政策限制，乃協調將等值限額改列為兵工生產材料，再由兵工生產署於民國五十六年度政府預算原列材料預算，調整為ADPS作業費，全案於一九六六年八月呈報國防部，嗣國防部主計局鍾時益局長於一九六六年八月三十日召集會議宣佈「國軍電子資料作業，政策上原為由各總部循現有體系及既定方案，分別積極進行，現因安全局訂購美CDC 3300大型電子計算機一部，奉部長（蔣經國部長）指示，將國軍所有機械作業一律停止，改用CDC 3300集中作業」繼國防部正式覆文本部：「國軍電子資料機械處理設施與作業正由本部研究建立統一管理辦法，貴總部電子資料處理作業今後可由本部計劃支援，奉到覆文後，乃建議籌備小組結束歸建，另候國防部統籌指示。事後發展情況，國防部（主計局）並未見統籌辦理，安全局CDC 3300也未能統一支援三軍需求，三軍電腦作業仍係由各總部包括聯勤總部分別發展，祇係大家作業時間被延後了很多年。

## M14自動步槍生產

蔣（中正）總統認為中共已有自動步槍生產能力，而國軍現行裝備，僅為美援M1步槍，手令聯勤應即發展自動步槍的生產自製，經賴總司令向美軍顧問團爭取支援，美方同意支持我兵工廠建立自動步槍自製能力，但僅提供圖樣技術，經費不列美援。當時美軍所使用步槍係以M14為主，駐越南美軍亦部份使用較新式的M16。M14口徑為七．六二公厘，構造堅固，精度佳，侵澈力大，最大射程三千五百碼，但重量八．七磅，彈藥攜行量較少。M16口徑為北大西洋通用的五．五六公厘，重量僅六．三磅，最大射程二千九百二十碼，遠距離精度及殺傷力均不及M14。我國陸軍基於重量及彈藥攜行量因素力主採用M16，經向美軍顧問團一再多次協調，美方認為M16當時尚非美軍制式步槍，故僅願協助我國發展自製M14。聯勤在內部討論時，我也曾詢問不久之前一同參加國軍兵器訪問，現擔任發展步槍自製能力的第六十一兵工廠工務長關長卿上校，如果我們從越南獲取幾支M16，兵工廠可否拆解後自行研發生產，關工務長表示，做幾支漂亮的樣槍沒有問題，但量產沒有互換性，因為製造步槍的量具，夾頭其公差設計不是簡單的事，美國製造步槍的圖說，就有一屋子。賴名湯總司令基於能獲得美方對M14的支持已不容易，故決定尊重美方意見，令由兵工廠積極開發M14步槍的生產，國軍也終於追趕中共，達成了自動步槍的生產能力。

## 聯勤企業化管理與兵工增產

一九六四年賴總司令為推動聯勤企業化管理，與國立政治大學企管中心主任張彝鼎博士協議為聯勤舉辦高階企管講習，總部各署處長及兵工，被服各廠廠長均參加聽課、講習結束後，賴總司令問我講習效果如何，我回答除企業化管理的理念溝通之外，有兩項企管新作業方法可以採用，一項係「作業研究」（OR-Operation Research），另一項係「計劃評核」（PERT-Program evaLuation and review Technique）可以採用，尤以計劃評核（PERT）建議積極推動，因為PERT要求計劃作業人員必需依照計劃總目標先掌握全般分項工作計劃配合連繫條件，方能完成計劃評核圖的製作，在工作執行進度檢討時，任何一個分項進度有變動差異，立即可以發現全般工作項目和總目標的影響程度。賴總司令乃立即指示今後兵工建設新計劃（簡稱建新計劃）每週檢討須全部改用PERT報告，負責建新計劃的各兵工廠廠長（呂則仁、雷穎）也均能即學即用貫徹實施。至聯勤企業化管理運動也接著蓬勃展開。

國軍反攻大陸作戰計劃（國光計劃）的指導與策訂係蔣（中正）總統親自主持的。賴總司令曾任國防部副參謀總長，參與計劃的作為，深體武器彈藥在沒有美國軍援支持狀況下供需平衡的迫急性，因而指示聯四副參謀長室將聯勤兵工生產對支援作戰所需械彈生產能力作完整評估，我們乃協調主管反攻作戰計劃的國光作業室後勤組長邢祖援將軍（邢係國防部第四廳副廳長調國光作業室服務）以支持反攻登陸作戰〇一．〇二線武器彈藥需求，再就聯勤兵工生產能量逐項比對檢討其所需生產製造時間與經費。武器部份則依擴軍需求不能獲得美援支持狀況下之國械師編裝需求為準，評估結果向蔣（中正）總統提報，聯勤兵工生產建新計劃因而由建新三號，驟增至十三號。但完全自給自足供求平衡，仍有甚大差距。

## 聯勤兵器訪問

聯勤負責兵器製造，陸海空三軍為兵器使用單位，為促進「造兵（器）」與「用兵（器）」的密切配合，一九六六年我奉派率領由各兵工廠總工程師或工務長及兵工研究院兵工研究發展人員聯合組成「兵器訪問組」，赴陸軍師級部隊及海空軍總部，澎湖防衛部，進行兵器訪問，並特別著重大小金門、大擔島及馬祖烏坵、東引外島部隊的訪問、兵器訪問計劃，並得到美國軍援顧問團（MAAG）聯勤組的贊同，訪問結果有關兵工生產改進事項，其屬於美援相關部份，因而獲得軍援計劃的優先支持。

## 國外物資（美國軍援）接收處長

一九六七年八月賴名湯將軍奉調空軍總司令，聯勤總司令由曾任海軍總司令的劉廣凱上將接任，不久我忽然接到調任聯勤國外物資接收處長的命令，一九六七年九月一日劉廣凱總司令主持我新職任命的佈達式，當眾宣示「他在接任聯勤總司令前，總統（蔣中正總統）曾當面指示要注意選拔人才，此次國外物資接收處長一職，經我徵詢各位副總司令和參謀長意見，大家均推薦聯四助理副參謀長張華珩上校接任。」當時聯勤三位副總司令係麻清江中將，趙桂森中將，毛瀛初中將，參謀長劉景揚中將，我到聯勤任聯四助理副參謀長三年多，能獲得長官們如此厚愛，深感欣慰。

聯勤國外物資接收處，係國家接收美國軍援武器裝備及經援軍協軍用物資專責機構，於一九四八（民三十七）年成立，最初稱「美國軍援接收委員會」、黃仁霖中將任主任委員，後改編為「國外物資接收處」，但對美方英文名稱仍稱「Receiving of Aid Material Department（RAMD）」且係美國軍援物資由美國海運，空運到台灣經中美共同認可之負責簽收之代表人，再由接收處分別轉交陸海空三軍，美援物資接收情況，每週要以總司令名義直接簽報（毛筆正楷）總統，處長當然要親自校閱簽呈內容及文字不可有差錯。

國外物資接收處轄設基隆高雄兩個分處，在基、高兩港各有專用碼頭。另台北松山機場和台中清泉崗機場設有兩個空運接收組，當時編制軍官七十員，士官兵十四人，美援計劃支薪雇員九十人，在我任內平均每年接收海運約六百船次，空運二千架次。物資容量約六十五萬容積噸，其中包括空軍F104 F5E飛機，海軍魚雷，五吋砲彈，陸軍八吋榴彈砲，一五五加農砲，鷹式飛彈、勝利女神飛彈，M41及M48戰車，人員裝甲車，各型載重車輛，各式砲彈。除了軍援物資外，依美軍在華地位協定，本處亦係在台美軍自用物資接收之代理機構，故亦為在台美軍後勤系統之一環。這些物資並包括美軍PX官兵福利用品如煙酒、化妝品、食品等，也由本處負責接轉，位於台北市中山北路美國海軍供應廠（HSA）係我業務上相對單位之一。我們每個月有例行協調會報，而我及處內同仁均能約束自己，從不托他們向PX買一瓶酒，一條煙，或一件化妝品。美軍海運勤務處（MSTS）與我關係亦很密切，MSTS在基高兩港各派有代表，凡進出我港口之美軍船艦其發航命令均由MSTS駐港代表簽發。越戰後期本處並為美軍支援越戰物資如砲彈等中間接轉站，也為越戰後送物資承擔接收任務，又美駐台陸軍採購處在台灣採購支援越戰物資，如水泥，瀝青，新鮮蔬菜亦係本處負責接轉外運。駐台陸軍採購處處長ASH中校與我相處融洽，他回國退伍後，進大學讀博士，我們一直保持聯繫。

空軍F84 104 F5等戰機係由美國飛機製造廠原封海運到高雄碼頭時「脱鉤交接」，然後在碼頭轉交空軍供應司令部拖運至台南或屏東拆封，武裝，代表空軍接機的係空軍供應司令部第二區部指揮官賀順定，我們曾同在國防部第四廳任組長，同事有年，我在第四廳時曾組織先勤排球隊，國防部（參謀本部）舉辦部內幕僚及勤務單位排球聯誼賽，比賽後局四廳先勤隊與國防部連絡局，警衛營爭冠軍，賀係先勤隊中年健將之一，我隊先勝連絡局，而連絡局則勝警衛營，後來先勤與警衛營交手時，連絡局一群翻譯官與年輕時髦的英文打字小姐努力為警衛營加油，最後終如他（她）們所願，先勤隊在延長賽中敗給了警衛營，使連絡局反得了冠軍，當時先勤隊還有一位第四廳第九組組長空軍俞友田上校，我們均因年齡關係，與精壯的警衛營隊不能相比，難耐久戰，先勤排球隊教練係第一流的，我曾協調總政治作戰部第八組（主管軍中體育）先推派湯銘新少校，後湯因係籃球為主，而改由鄭煥韜擔任，他們後來均係教授級，國家隊籃排球教練。飛機係重要軍事物資，每次接運我均親自到場。

戰車被認為係攻擊性武裝，國軍爭取戰車美援，久久未能獲得美方同意支持，一九六七我國終於一次獲得美國軍援M41輕型戰車二百五十三輛，我們確定在基隆卸載，因重量關係（二十三噸）港務局祇能用唯一的駁船水上起重機遠距離卸載，又因戰車車身寬度十點十五呎。超過鐵路局貨運火車車台寬度達二十六公分，裝車時必須確保兩側各超出火車車身相等距離才能保持行車平穩，鐵路局裝車人員很細心地用米達尺衡量，而駁船吊車高度十多公尺，戰車吊掛空中，被推來移去，要耐心地等達到絕對平衡的位置，才可以放下，三方面工作人員均很費心力。戰車係運往台中陸軍戰車基地廠，由鐵運自基隆到台中時，在中壢附近有一處斜坡側彎，如裝車不平衡就造成翻車，而且也沒有夠載重的陸上起重設備可以拖吊，將造成鐵路客貨運中斷。因此每梯次戰車接運，我先到基隆，等發車以後回到台北辦公室，待電話回報火車已平安經過中壢才感到安心。

二百五十三輛戰車係分十一個梯次船運台灣，在接轉過程，舉凡船運動態，船隻抵岸優先泊靠，戰車車況檢查，卸駁船起水，鐵路裝車列車編隊，碼頭警戒作業安全行車安全，我均要求作業單位用計劃評核術（PERT / TIME）縝密策劃，先期完成協調整備，在本處工作同仁及港務局、鐵路局共同不避風雨，無分日夜，高度合作精神、安全迅速達成任務。

一九六八年四月二十五日美軍駐越南海軍供應司令鮑納海軍少將由美軍顧問紀爾達上校及美軍顧問團聯勤組長斐登海軍上校來國外物資接收處訪問，除了交換物資接轉意見，鮑納少將對本處支援越戰物資接轉優異績效，特表示讚揚與感謝，我並代表聯勤邀請鮑納將軍參觀我兵工廠生產設施。

一九六八年七月國外物資接收處獲得赴琉球美軍第二後勤司令部海陸空運輸及港灘作業之在職訓練名額，第一梯次我率處內四位同仁參加，在職訓練主要課程包括基地運輸勤務，NaHa港及White & Tengan灘岸作業，第二後勤司令部計劃管理電子資料處理系統及運輸管制等。軍事運補講求快速機動，當時美軍推動的新觀念為單位包裝與貨櫃滾動搭載。在台灣貨櫃船運也係由我們美援物資接收較民間貨櫃航運早一年多開始。

彈葯船的接收作業基於碼頭安全考量也係我每次要親自到港口督導的重要物資項目，尤其基隆港靠近人口密接的基隆市區，責任重大，美軍彈葯船多係高爆彈葯，包括TNT火炸葯，每年約二十餘船次，基隆三分之一，高雄三分之二，每船次裝載一千五百至八千容噸，台灣係航靠第一站，接卸約百分之五十六，其餘轉運越南、泰國。基高兩港均沒有符合高爆彈葯接卸之專用危險品碼頭，基隆在通盤嶼雖興建危險品碼頭一座，但吃水甚淺，僅可供商用易燃和腐蝕性物資駁卸，大沙灣興建之登陸艇碼頭，美援彈葯船亦無法靠泊。高雄西子灣碼頭較為適合，但損壞嚴重不堪使用。不靠泊碼頭，如泊靠浮筒用駁船接運，一方面參照美軍安全作業規定，當開船作業時在九十五至一百五十八公尺半徑，不可有一般船舶活動，以基隆情況而言，足以影響全港區航道通行，一方面駁卸風浪較大時即不能作業，且大口徑砲彈，如八吋榴，一五五加農及箱裝火炸葯在駁船卸駁，人員、物資本身亦有安全顧慮，況由駁船起水，仍須使用碼頭，且卸載時間較泊靠碼頭延長數倍之多，種種實際情況，迫使高爆彈約船接運，在理想的危險品碼頭未興建以前不得不遷就事實選擇比較安全可行方式，並在實際作業時，儘可能特別加強安全措施。在我接任以後，除了陸上安全警戒，我並堅持要求海軍兩棲偵察隊派遣小組在彈葯船泊靠基隆港時同時實施水面下安全警戒。

有次一艘彈葯船係在除夕前一日且係周末到基隆港，船艦人員原可在台灣登岸渡假，我則警覺到春節期間爆竹不斷，彈葯船絕不能在基港碼頭停靠過年，我一方面指令基隆分處作最充份準備、船到以後作假日加班卸載，另一方面我要求美海軍MSTS駐港代表，在週末休假前，先將「發航命令」寫好，交給我方，我在船靠港迅速完成卸載接收作業後，親自登艦慰問，我並特別帶同一組四人康樂隊在甲板上表演一小時歌舞，然後將美軍MSTS發航命令當面交給艦長，收到發航命令，艦長當然也就不得不適時發航離港，眼見這些年青海軍在遠洋航行之後，靠泊碼頭，卻不能登岸渡假，深感遺憾，但也是情非得已。

## 晉升陸軍少將

一九六八（民國五十七）年十二月，我奉到蔣（中正）總統發佈晉升少將的任命令，一九六九年一月一日，我出席國防部蔣經國部長主持的將官授階典禮，經國先生親自在我肩上佩戴了一顆將星。同榜授階比較熟悉的陸軍有夏謙光係抗戰時期十九集團軍戰友，薛寄梅、葉以霖係國防部第四廳同事，海軍易諤係閒話揚州，著名作者易君左公子，空軍賀順定係國防部與聯勤總部兩度同事，聯勤則有四十四兵工廠長劉德三，六十一兵工廠長雷穎。回顧我係一九五一年一月一日晉任上校，到一九六九年上校年資計十六年，在當時上校晉升將官，為正常現象，但我任少將編階職務，則早自一九五七（民國四十六）年一月任國務部第四廳組長開始，繼一九六〇年調任陸軍經理學校教育長，一九六四年調聯勤總部聯四助理副參謀長，一九六五年改編為聯勤總部後勤署副署長，一九六七年調任聯勤國外物資接收處處長，到一九六九年一月一日晉升少將，先後以陸軍上校任少將編階職位長達十一年，顯見蔣（中正）總統時代晉升將官非常嚴謹。當時我也接到美軍顧問團聯勤組長賀函。

一九六九年越戰仍在繼續中，我國外物資接收處為支援美軍越南戰場物資接轉勤務，美國陸軍駐越南第一後勤司令部司令來台，在台灣美軍顧問團團長辦公室邀我晤談，主要係討論美軍在越南戰場戰損軍車運台灣整修，修復車輛再回運越南，接著一九六九年四月一日對美軍專案物資接轉協議書，由我與美軍台北HSA代表雙方在台北簽訂，聯勤總部參謀長陳來甲中將與美軍顧問團聯勤組長斐登海軍上校出席見證。

美軍在台北市中山北路設有一個規模不算小的福利站（PX），供應在台美國官兵及眷屬日常生活用品，包括煙酒、衣著，化妝品、聖誕節前更是物資充沛，這些美軍及眷屬，自用品貨運到港，也係聯勤國外物資接收處負責接收轉交，美HSA為控制貨運成本，不願使用新流行的貨櫃運輸，而採取散裝貨運，如此在碼頭裝卸理貨時，容易發生竊失，根據美方統計，亞洲港口散裝貨運竊失情形，台灣表現最好，菲律賓、越南，硫球最差，日本其次，這對我們國外物資接收處而言，是一種光榮記錄，但我們在內部管理上，卻也很費心力。例如我處基高兩分處均設有船艙理貨員，因為艙單係英文的，理貨員多係雇用大專工讀生，為確保工作紀律，經常對理貨員諄諄告誡，工作期中，絕不可以順手牽羊，拿一包煙一瓶酒，一雙絲襪，或一支口紅化妝品，否則將以竊佔論處。某日基隆分處長電話報告，查獲一位理貨員竊佔一條洋煙，依照規則要以竊佔開除並移送警察局，有些同仁們顧慮如此將在警察單位留下個人不良紀錄，影響這位理貨員前途太大，請示是否可以寬貸，我當時指示仍需照規定開除，並移送警察單位，但我立即親自打話給基隆港警所說明「我們站在內部管理立場，必須移送，可是警方如依情節從寬發落，我們沒有意見」。但願這位年輕工讀生經歷這次教訓以後，未來將變成最誠實的有為之士。

代辦美軍自用物資，船艦機場作業人員夜間及假日加班餐費係按船次，航次經美方駐港代表簽証後由美ＨＳＡ結付，雙方常因派遣標準，支援人數，支援時數而有爭議，且結報以後，各分處核發此項加班誤餐費時過去又另有一套標準，與向美方結報者不盡相符，因而發生誠信問題，我乃與美ＨＳＡ協商廢止現行逐船簽証辦法、改為依一定金額按噸位結算，此一定金額係依過去三年美方所實際支付金額除以實際代辦噸位，得出為每噸台幣三元計算，再由我方負責統籌核發，我並訂出一套物資接收績效考核辦法，將該款收入作為績效獎金核發，當然在碼頭，機場實際作業人員加班誤餐費也已加計在內，辦法並協調國防部主管單位支持再正式呈報國防部核備，使本處積弊甚久的加班誤餐費發放問題，獲得合理合法的解決，分處和機場實際的組長經常為加班誤餐費人數，時數的問題，向美方代表協調簽証而拾回自尊心，所有未直接參加碼頭機場接收作業的官兵雇員也因普遍能領到合法公平性績效獎金而感到滿意。

在軍中部隊向上級單位控訴本單位長官的風氣不斷，大多係人事處理不滿，尤其最近政策性推行「庸劣淘汰」，某晚我公差高雄回來，副處長楊啟智上校，在我龍江新村宿舍，已等候多時，他首先就說「很抱歉替處長闖了一個禍」，接著敘述當日上午總司令部主官會報，他代表我出席，劉總司令在輪他發言時，突然問「國外物資處張處長辦公室還有女秘書，是否屬實」楊副處長表示，他當時因為太緊張，一時答不出來，就一直說「是」，我聽後就安慰楊副處長不要介意，早點回去休息，次晨我到總司令劉上將辦公室報告完業務後，就說明總部飛駝女子藍球隊有兩名主角，係寄缺本處的雇員，我安排她們在行政科及主計室服務，其中行政科一位虞如真小姐係淡江大學外文系工讀生，我因常有美軍單位來電話，如我離辦公室時，就派虞小姐在我辦公室代接電話，並不是什麼女秘書，不過國外物資處因接收美援，有九十位美國軍援雇員名額，其中確有女祕書和英文打字員名額，但我們從未使用秘書名額。接著我報告，處內因貫徹庸劣淘汰政策，最近處理了一些人事，其中行政科有一位中校，能力並不差，祇是不服從科長領導，經常怠勤、遲到早退，無故缺席，故意在辦公室唱科長反調，影響科長領導與管理，我曾多次個別談話，並表示可調整工作單位到松山空運組變換工作環境，但這位中校不願接受，也不能改進工作態度，最後乃不得不調為服勤軍官待命退伍，總司令聽完我的報告，連說「哀莫大於心死」，也默認我的解釋與處置。至於這兩位藍球女將虞如真小姐大學畢業後留美出國，另一位張建城小姐大學畢業後，應聘到台北榮民總醫院，確實擔任鄒濟勛院長女祕書多年，後來出任榮總公共關係組組長，我退休後到榮總看病，有時也受到她照應。

老長官前國防部第四廳廳長宋達中將，歷任國防部人事行政局長，人事參謀次長，繼於調任陸軍供應司令任期屆滿調升聯勤副總司令，國外物資接收處也係宋副總司令督導單位之一，我曾陪宋將軍親赴基隆分處，高雄分處，松山機場空運組，清泉崗機場空運組視察業務。宋副總司令在任未久，即應當時行政院長嚴家淦先生親自點召，軍職外調，出任蔣（中正）總統指示新成立的「行政院研究發展考核委員會」副主任委員，當時主任委員為陳雪屏先生，宋將軍以曾因行政三聯制表現傑出應邀實際負責開創國家行政機關研究發展考核業務新猷。

一九六九年六月聯勤為貫徹國防部精簡組織政策，將「採購署」與「國外物資接收處」合併為「物資署」原採購署署長曹起成中將任新的物資署署長，劉總司令面示希望我接任新的物資署副署長，我向劉總司令回報，按個人因素來講，曹起成中將過去在國防部第四廳任副廳長，我當時任第四廳的組長，現在曹任署長，我當副署長很對稱，但依組織來講，兩個單位合併，一任新單位主官，一任副主官就不適合，我應當讓這個副署長職缺，給我的副處長一個晉升機會，這樣我處的科長，也可以出任署的組長，否則副處長要降編為組長，科長要降編為副組長，總司令最後同意我的說法，於是一九六九年七月一日我由國外物資處長調任聯勤研究督察委員會少將委員。

## 人事安全查核

調任研究督察委員未久，聯勤總司令部第三署署長出缺，據悉劉總司令已確定薦派我接任，但在政戰部人事安全查核，因我有「不宜派任第三部門主官」的安全記錄，因而未能通過。這一段後人所謂「白色恐怖」經歷約係發生於政府遷台初期，當時國防部總政戰部人事安全查核部門、對國防部工作的軍官，凡曾在華北、東北地區工作過的均持保留，或可以說是懷疑態度，普遍就個人檔案資料嚴密地明查暗訪。我也聽到前在第三方面軍和京滬衛戍總部服務的吳本一先生透露，保防單位曾向其查詢我個人經歷的訊息，當時我國防部第四廳主官是宋達將軍，也於約四十年後，大家均已退役多年，宋於病危臨終前病榻談話時透露，他曾向當時安全查核評審主持人，前抗戰時期第一戰區長官蔣鼎文上將，力保我的忠貞，方獲得通過，但最後仍依安全單位意見，裁定列為「不宜派任第三部門主官」的結論，所謂第三部門，係指作戰部門，依我的官科和工作經歷原本就沒有任作戰部門主官條件，熟料十多年後於聯勤總部第三署署長任命案發生影響，諷刺的是不久聯勤總部第一、二、三署之一般參謀番號改編，第三署改稱後勤署，在名義上已非作戰部門，署長的任命則已時過境遷。我對國防部在大陸遷台初期人事安全查核的「白色恐怖」常牽連無辜很能諒解，其時我們處在對共作戰非常危急狀態，尤以作戰次長吳石匪諜案，影響實在太大，非如此嚴苛不足自保。而我個人對黨國的忠貞於心無愧，國家和所有長官對我的培植，始終感恩不己，我全無得失之心，對黨國和個人前途，信心堅定永懷熱誠地一心奔向希望。

## 軍職外調轉業文職

我在聯勤工作期間，先後有三位熟識而才能卓越的長官，調任聯勤副總司令，首先是國防部預算局長徐鳳鳴中將，到任後當時國軍官兵鞋的補給，首創由橡膠球鞋，改發皮鞋，抗戰期間國軍野戰部隊官兵穿的鞋子，係以「草鞋」為主，到台灣多年後，在美援援助下，方普遍換著橡膠球鞋，現在進一步開始增發皮鞋，負責生產的橡膠廠趕不上生產進度，賴總司令派徐副總司令到台南橡膠廠督導，徐副總司令先與許惠麟廠長通電話，不得要領，乃依一般參謀督導職掌向聯四找我商量如何達成任務，當時聯四副參謀長鄧為仁少將受訓入學，我代理副參謀長職務，我乃與許廠長通電話強調執行任務，與貫徹命令，時限不可遲疑，強烈要求提出達成任務時限的應急計劃，如有突破常規的地方，我與徐副總司令到廠時研商解決。在與徐將軍赴台南的火車上，徐副總司令突然對我說：「華珩，你不要以為我從此就沒有什麼出路了」這使我很摸不著頭腦，祇好含糊以對。等我們在台南橡膠廠解決了皮鞋生產進度的問題，回到台北以後不久，我又離開台北公差外地多時，再回台北徐鳳鳴副總司令已發表了新復業的中國農民銀行總經理，一個國家銀行復業，當然需要新進不少幹部，聯勤同胞儲蓄會董德成少將，聯勤主計署長張伯敏少將均外職停役，調派農民銀行任經理，後來台南橡膠廠廠長，許惠麟上校也外調農民銀行任稽核，徐副總司令在聯勤離職前與我見面時，向我說「新職發佈後，曾找你多次，見不到人」，我除了表示謝意，並感覺徐先生在國防部預算局長任內，兩次有意調我到預算局任組長未成，這次我們還是沒有共事機緣。徐鳳鳴先生在農民銀行任總經理很不幸曾受到嚴重的意外打擊，尚幸事後終獲平反，但已萬念俱灰一心歸主。

我在聯勤調任國外物資接收處處長，前國防部第四廳老長官宋達中將，由陸軍供應司令調任聯勤副總司令，並指導我國外物資處業務，這是我第二度隨宋將軍共事，但為時不久，宋副總司令奉行政院嚴家淦院長指派調任行政院新設立的研究發展考核委員會副主任委員，主任委員為陳雪屏先生。

繼宋副總司令之後，資深的聯勤財務署長吳嵩慶中將調升聯勤副總司令，並因年齡關係，待命退役，據悉層峰原交代以國營事業董事長另行任用，吳將軍乃係與前中央銀行總裁，曾任行政院長的俞鴻鈞同輩之財經大老，想因樹大招風，最後行政院僅委以一家虧損累累的省營唐榮公司董事長。我到吳副總司令辦公室道喜，吳將軍感概地說：「華珩，何喜之有！我們為做事，會顧不得做人，不曉得在什麼地方，就待慢別人。」但吳將軍秉持忠貞為國精神，仍冀然受命，並非常積極地為唐榮打拼，且卓然有成。特別是開發軍用不鏽鋼槍管的生產自製能力，創造了國內鋼鐵工業的新紀元。

我交卸國外物資處長職務，轉任聯勤研究督察委員，前聯四副參謀長鄧為仁中將亦由留守署長調任研究督察委員會副主委，我們因赴高雄公差，同去拜訪了新任唐榮董事長吳嵩慶將軍，鄧將軍與吳董事長相約下午橋牌牌局，我先回旅社，第二日回台北時，鄧受吳之托，邀我去唐榮公司任協理職務，而此時我則尚有另外兩個轉業機會在考慮，其一國軍退除役官兵輔導委員會趙主任委員聚鈺先生透過第五處劉慶生處長要我為輔導會創辦塑膠工廠。又此時抗戰時期前十九集團軍總司令陳大慶將軍由陸軍總司令調任台灣省主席，我認為在國防部第四廳所策劃推行之國軍新預財制度可在台灣省創新實踐，又在聯勤策劃未能獲得推展的電子資料處理制度（ADPS）可與新財務制度在台灣省同步推行，為老長官陳大慶主席開創政局新猷。當時台灣省府原任主計處長劉紹志少將係國防部預算局第三組長調任已三年多，因病倦勤，我曾任國防部第四廳組長又繼任聯勤國外物資處長，資歷與劉紹志處長應可比擬，乃向陳主席養公主動請纓，晉見後省主席特別助理薛寄梅將軍轉告，因時間上有落差，省府廳處長人事方告發佈如要更動主計處長人事即構成局部改組，但養公主席願考慮派其他職務，此時抗戰時期曾隨陳總司令養公任特別黨部書記長的田疊波先生，對我軍中轉業三個可能方向分析評估，力主我接受輔導會趙主任委員的任命，方向確定以後，在準備奔向生命歷程的另一個新希望之旅以前，我向聯勤總司令劉廣凱上將報告，請求「外職停役」，因我未到少將退役年齡，僅能辦理「轉任文官外職停役」劉總司令當時先問我，「係趙主任委員主動要調你去，或係你自己請調去」我回報係趙主委主動要我去的，劉說：「既係趙主委主動調你我贊成你去，我現在有很多海軍中少將要退役，希望推薦輔導會工作，我都一籌莫展」。接著我去空軍總部向調我來聯勤工作的，前任聯勤總司令，現任空軍總司令賴名湯上將報告辭行，賴將軍聽我報告要退役轉業，卻自己先有趣的說：「我也想要退了，連同聯勤和空軍我擔任總司令已經有八年」，我當時幽默地向賴將軍回報說：「總司令不能退，我們還等著總司令回介壽館呢。」後來不久，賴將軍果然奉命到介壽館擔任參謀總長。」

我同時也向國防部總政戰部主任羅友倫將軍及台灣警備總司令鄭為元將軍分別面報，將到退除役官兵輔導委員會創辦塑膠工廠，羅友倫將軍強調塑膠在國防軍事方面有很多用途可以開發，後來我工廠廠房還未完全落成，羅友倫將軍就急著來廠參觀外島小型空飄汽球製造，當時現任陸戰隊司令何恩廷中將聽說羅將軍來廠，還特地從陸戰隊趕來我廠相陪。鄭為元總司令則係約七年後趙聚鈺主委病逝接任輔導會主委。

## 開創新興生產事業塑膠工廠

國軍退除役官兵輔導委員會所投資成立各工廠是一個有官署關防印信的機關，但國家沒有撥發經常預算，需要自給自足，並負有退除役官兵或其眷屬子女就業安置的職責，且需創造盈餘發展壯大。廠長係十三職等文官，比照文官待遇在工廠支薪，廠長及工廠員工在工廠服務期間支領工廠薪資，本身原有軍人退休俸則予停發。工廠係採首長制，廠長身份如同一家公司董事長兼總經理，但職責上又視同一般機關首長，受到文職機關管理體制的權責限制，廠長對工廠經營理想性與創造性的發揮空間，須有特定的閱歷與智慧才可以發揮。

輔導會為創設塑膠工廠，已經成立了籌備處，但迄未展開作業，由前陸軍經理學校校長姚紹榮將軍任籌備主任，一九五〇年三月我奉派經理學校任教育長，當時校長即係姚紹榮，我們曾共事近三年，現在我奉派接替姚將軍的工廠籌備工作。我暫借輔導會技術顧問室一張辦公桌工作，技術顧問室首席顧問趙煦雍先生係我國庚子賠款留美化工博士，塑膠工廠也是趙博士構想，這樣我好就近請教，按照預訂時程，我花費一個月時間，先完成建廠可行性評估、再花費一個月時間完成建廠及營運計劃。初期先設立塑膠射出成型（injection），及擠壓成型（extrusion）兩個工場。射出成型先以塑膠啤酒箱為主產品，爭取台灣省煙酒公賣局大量汰換木板條箱，節省修理成本，並提供堆高，搬運，清潔美觀條件，採用800噸射出成型機，一線三班開始，預計兩年後，可增為三線三班。擠壓成型（extrusion）係接受美商USI（台聚公司）建議，開發LD-PE重包裝袋，爭取台灣肥料公司替代牛皮紙袋降低成本減少搬運勾破損耗，台聚公司設有實驗工場，可協助建廠及生產技術，因為25公斤裝PE重包裝袋須要投入120mm擠壓成型機，加以推廣使用，需要多次大量免費供應PE塑膠袋給肥料工廠作堆高試用，我向台聚公司要求基于市場開發共同合作精神，能無償提供PE試驗料30噸，分三年，每年撥付10噸，並得USI張董事長植鑑的慨允，因而我對工廠的經營風險得以降低。建廠土地原籌備處係選訂新竹科學園區附近一小塊土地，且四週老舊違章建築很難處理，我向輔導會另外爭取到兩筆農場土地，其一係高雄煉油廠附近輔導會高雄農場一個農莊，總面積十公頃，另一係台中東海大學對面，也係輔導會農場，我鑒於當時台中港雖有計劃尚未興建，而高雄農場土地與石化工業上游、煉油廠為鄰，較為適合，乃選訂高雄左營右昌農場土地，（台中農場土地後來輔導會撥為台中榮民總醫院院址）。這些農莊土地原已依國家戰士授田條例，對榮民授田過戶，但法令限制，榮民僅能耕墾，不能作其他使用或買賣，高雄農莊這片土地當時僅作甘蔗種植之用，辛苦一年，收入有限，輔導會向榮民收回土地，改撥工廠使用，原授田戰士由工廠輔導就業，我對這批榮民一次發給新居房屋建築費，改善居住條件，一方面將他們以工廠廠員安置就業，計算廠員待遇，每年有三倍種甘蔗的穩定收入，因此很順利獲得協議。但在十九戶榮民中有一位周姓戰士在協商時反應比較激烈，我特別再到他現住處探望，看到他有一位比他年輕很多歲妻子，共生養五個孩子，從幾個月到五、六歲，嬰兒嚴重營養不良，生活非常艱苦，我找農莊莊長艾樹根和其他莊員戰士商量，我提出為解決周戰士的實際困難，願特別對周戰士在工廠工作，發給相當雙薪的待遇，但其他莊員不能要求援例，如果大家認同，對自己沒有損失而可以幫助周戰士解決困難，如果不能認同，則周戰士失去特別幫助的機會，對大家也沒有益處，軍中袍澤情深，我的提議當場就得全體莊員一致認同。農莊這十幾位戰士，後來經過了解，原係江西省政府於一九四八～四九以一甲一丁徵服兵役來的，我前面曾敘述的第二編練司令部撥編十二兵團所屬第十九軍，一九四九年其時我正在江西綏靖總司令部任中校科長，十九軍係隨總司令部從江西贛州轉進到廣東汕頭，再由汕頭同船向台灣撤退，航行途中，臨時奉到緊急電令將十九軍即調運金門增援金門作戰，並決定性地獲得金門大捷。

工廠十公頃土地獲得解決，當我正欣慰地從高雄北上台北時，在火車上閱讀報紙，驚見這片農莊土地已被高雄市政府新的都市計劃改為商業用地，在計劃未奉中央核定前並予禁止建築，這使我整個塑膠工廠的建廠計劃完全落空，我立即下火車到高雄市政府建設局查詢，獲得兩點答覆，（一）高雄市這塊土地的都市計劃是委托行政院經濟建設委員會都市計劃處代為規劃。（二）本案經高雄市都市計劃委員會通過並已陳報台灣省政府，任何意見衹有向省都市計劃委員會陳述。我當天再趕到台灣省政府建設廳，向一位副廳長方開啟先生說明了一切，方副廳長慨允在下週省都市計劃委員會開會時提出討論，次周接到方副廳長電話，謂省都市計劃委員會在審查本案時，決議明日去高雄先看現場再繼續審議，囑我到高雄參加會議說明。在高雄會議席上，我與行政院經建會都市計劃處主辦人員發生了激烈爭辯，最後有一位委員係成大土木工程系教授發言說，本案土地管理機關國軍退除役官兵輔導會屬行政院，而接受委托作都市計劃的經建會，也屬行政院，經建會主委是蔣經國先生，退輔會前主委也係蔣先生，這已不是省都市計劃委員會所能審定，建議陳報中央裁定，與會人員也一致贊同。此時，前國防部第四廳長老長官宋達將軍已受退除役官兵輔導會趙主任委員聚鈺一再堅邀，並奉行政院蔣副院長經國先生同意，由行政院研究發展考核委員會副主任委員調任退除役官兵輔導會秘書長，我將塑膠工廠預訂地發生都市計劃問題向宋秘書長報告後，宋秘書長熱心表示，於報告趙主委同意後，將親自偕同我去經建會面謁副主委兼秘書長費驊先生商談此事。當與費先生約好次日早上八點半見面，前日下午我特別準備一份簡要圖説資料親自送到經建會秘書長辦公室，請其秘書小姐先轉陳費先生參閱，第二天我提前十五分鐘，即八點十五分到經建會，不料此時宋秘書長與費秘書長均己在座，宋先生於介紹後，並説「你工廠的事，費先生已了解，並同意變更計劃」我當即向費秘書長道謝，費先生答説：「這是事先協調不夠」後來兩位秘書長又談了一些與兩會業務有關的金門磁土等問題，便欣然告辭。都市計劃審議，係地方政府，省政府，中央政府三級制，而中央政府主管機關依法係屬內政部（地政司）主管，本案行政院經濟建設委員會都市計劃處僅係特別接受高雄市政府委托代為規劃，所以全案仍須內政部（地政司）正式召集會議。由經建會及退除役官兵輔導會代表列席説明後獲得同意准將該農莊土地由原規劃的商業住宅區改為工業用地，且特許興建不受當地都市計劃作業之禁建限制。按高雄市楠梓右昌段都市計劃禁建計長達數年之久，塑膠工廠用地因係特許興建，迨都市計劃禁建解除，我工廠早已開工生產營運多年。

這片十公頃土地，我依照軍中辦理美援申請必須先有設施總計劃的構想，規劃為八個大的生產區塊，其餘為生活區，行政區，並先完成完整的道路規劃。創業之初我依工廠營運計劃需求，先使用兩個生產區塊，分別為「塑膠射出成型（injection）工場區和「擠壓成型（extrusion）工場區」，後來又擴增一個「玻璃纖維（glass fiber）工場區」。卅年後，因為退除官兵輔導會係國民黨鐵票團體，民進黨陳水扁執政打壓榮民事業單位，各生產事業先蒙其害，加之輔導會後續主其事者，對榮民生產事業又缺乏經營理念，致榮民生產事業陸續被迫結束營運，塑膠工廠這片土地被經濟部加工出口區接收，開發為新的高科技產業園區，訂二〇一〇（民國九九年）開放使用，評估可創造就業人口二千七百人，引進投資金額台幣一百億元，每年營業額台幣一百五十億元，土地利用價值作了更大發揮，人事滄桑也非始料所及。

宋達將軍係由行政院研究發展考核委員會副主任委員，應行政院國軍退除役官兵輔導委員會主任委員趙聚鈺先生懇邀接任輔導會秘書長職務，到任之前，宋將軍告我，趙主委已來邀兩次，並說明已得到行政院長蔣經國先生同意，趙強調要依劉玄德三顧茅廬，敦請諸葛孔明先例，還要再來一次，以表誠意。趙聚鈺先生任退除役官兵輔導委員會秘書長及主任委員職務年久，據悉經國先生行政院副院長及院長期中，曾多次有意安排趙先生接任財政部長，經濟部長均因退除役官兵輔導會繼任人選問題而擱置，某日我在輔導會電梯巧遇趙主委，當時趙先生接任經濟部長的機遇剛成過去，我向趙先生表示「主任委員仍舊要領導我們在輔導會打拚」、趙主委回答：「這沒有什麼，祇不過在院會時，不免有些干介」，事實是常有年青的部長，在出席行政院院會，會議未開始前多禮貌性地先走向在後座的趙主委鞠躬問好，因為退除役官兵輔導會主任委員在行政院院會席次排列很後面。經國先生當時對輔導會主委人事難定原因，一方面因派一般文官接任主委怕壓不住輔導會龐大附屬單位主官均係退休將領的陣腳，如延用曾任三軍總司令或參謀總長等高階退役將領，又擔心引起陸海空三軍平衡與派系問題，經國先生與趙聚鈺主委綜合考量結果，認為宋達將軍曾任國防部第四廳長人事次長陸軍供應司令及聯勤副總司令，對三軍人事熟稔，在軍中資歷足夠，係適合接班人選，並循趙聚鈺先生發展路線，先任祕書長，再接主委，出人意料的是宋將軍在秘書長任內忽然發現肺癌，赴美國手術，再回國化療後不幸病逝秘書長任內。更意外的是若干年後趙聚鈺先生也因肺癌病逝主委任內。很多人相信當經國先生病逝，李登輝繼任總統時，為是否同時接任國民黨主席及其後佈局，如趙聚鈺尚在世，可能會有不同結局。因為趙先生與經國先生相處關係實在太深厚密切。舉其一例，經國先生接任總統時，即面告孫運璿先生接任行政院長，孫先生受命之後，沒有回到自己部長辦公室，就直接往訪趙聚鈺主委，說明經國先生的新任命，孫運璿向趙表示要請他擔任行政院副院長共襄大局。其實當時趙聚鈺先生已被經國先生告知，將派孫為院長並派本省藉徐慶鍾部長為行政院副院長的佈局。此時趙先生當然也沒有向孫透露訊息僅是表示感激之意。

塑膠工廠土地問題在克服重重困難獲得圓滿解決，乃積極推動廠房建築，我在與輔導會素有淵源的特約建築師群中，選聘了曾在上海開業的楊元麟建築師，並提出幾點要求：（一）塑膠是新興工業包括廠房建築在內各方面均要有創意，中央管理大樓正廳樓梯不用傳統式水泥楷梯，要鏤空透明，從樓梯走道可以直接透視到後面生產區廠房及生產區中央之綠色景觀。又因係二十四小時三班生產，工場區中央綠色景觀沿線須加強直接間接夜間照明的配置。工場區綠色景觀我已爭取到本會梨山農場決定外移的數十株兩三層樓高龍柏為主題。（二）工業用水高層水塔須有造型設計。（三）約六公頃之工場區保留地均先完成地面平整，與道路規劃，提升未來新投資計劃的吸引力。（四）初期兩棟射出成型與擠壓成型工場場房均分別預留未來三年順勢發展擴充空間（按射出成型工場建場之初原為八百噸射出成型機一線生產，三年內在既有場房建築內，即擴充到四線生產）。

## 塑膠加工成型技術合作

塑膠工廠依照建廠規劃初期選訂目標產品之一為塑膠射出成型之PE塑膠啤酒箱，此二十瓶裝塑膠箱可以堆高十多層，適用堆高機操作，清潔雅觀可循環使用，我更給予保用五年品質條件，較木條箱經濟實用。塑膠啤酒箱之設計與生產技術在國際上居領先地位者為德國Schoeller集團，已有三十四個經濟發達國家採用其技術。日本第一大麒麟啤酒數千萬隻啤酒箱，即係由日本明治橡膠及化學公司（Meiji Rubber & Chemical Co. LTD.）引用Schoellor技術生產供應，明治橡膠多年以前與西德簽訂技術合約時，並將「台灣地區」涵蓋於其技術領域之內，因此我們要採用Schoeller技術要透過日本明治橡膠，而明治橡膠最初提出的技術授權條件，係沿用日商對台灣廠商一貫的不公平慣例，如生產原料一定要向日方指定之日本廠商採購，我當然不能接受，因而想到日本第二大啤酒廠Samplo，其塑膠箱技術代表人為三井商事，繼發現其技術原始持有人為美國UCC，而UCC這方面駐台灣代表人孫世篤，原係國軍一家火藥廠廠長退休，我在聯勤總司令部任聯四助理副參謀長時，即互相熟識，我找到了孫世篤兄，兩人非常友好合作的擬妥了公平實惠的英文合作草約，並得到Samplo方面代表人日本三井商事同意接受，正當與日本方面約訂簽約之前一日，日本三井商事突然表示，因為中國大陸宣佈對日貿易周恩來三原則，其中一項凡與台灣有貿易往來的日本廠商即禁止其與中國大陸貿易往來，日本三井係一個大商事，不願因此一啤酒箱的一個合約，輕易放棄未來對中國大陸貿易往來的機會，建議此項合約改由台灣三井商事分公司代表簽訂，我對日本三井態度的轉變很憤慨，乃轉而將合約草稿，再向日本明治橡膠示意，如願接受，明天即可以簽約，否則失去機會，日本明治橡膠社長松村英一（Mr. H. Matsumura）係一位非常機敏果斷而有氣魄的企業家，第二天即搭機來台灣，我們祕密地選訂台北陽明山一家溫泉旅社，就原與三井所擬草約，做了最後磋商與辨正。我並向松村社長介紹我國《戰國策》一篇故事說：「有一位農夫在河中打撈到一個遺體，亡者係當地富商獨子，農夫認為奇貨可居，索要極高報酬，富商拒絕，人問這係你獨子遺體，你無法拒絕，富商說這沒有什麼，農夫除了向我可以要報酬，再沒有其他對象可接受。農夫拒之，人據此以問農夫，農夫說我不擔心，富商除了找我，他沒有其他途徑可以獲得其子遺體。」

我向松村解釋，台灣係煙酒公賣，因此也祇能有一家啤酒箱工廠，你如放棄機會，在台灣即找不到其他合作對象。結果塑膠工廠與日本明治橡膠之間對Schoeller啤酒箱技術合作合約於當日（一九七一年八月十七日）由我與松村英一社長，在國軍退除役官兵輔導會第五處處長劉慶生將軍見證下，友好而予我實惠的氣氛中共同簽訂。第二天我向孫世篤兄委婉說明事實，並請其向三井商事表示原始合作意願的謝意。

在與明治橡膠簽訂合約時，我特別要求，我廠技術合作簽約對象，係中日雙方，但堅持我們擁有可以與Schoeller德國直接通訊聯繫權利，簽約當晚，我並建議由松村社長與我聯名向西德Schoeller集團總裁Mr. Schoeller發出合作成功的賀電，因而我廠與德國Schoeller總公司的聯繫合作，保持了暢通管道，也確保日本明治在技術轉移細節上的非常完整。

享譽全世界，每四年一次的西德國際塑膠展覽（K71），於一九七一（民六十）年九月在德國杜塞道夫（dusseldof）舉行，這是進修塑膠產業的最佳機會，因為展覽規模宏大，參展和參觀人數眾多，dusseldof旅館供不應求，美國USI特別租用一艘遊艇，泊靠展覽會場河邊碼頭，我受台灣USI之邀獲得艙位。由於要去德國，所以也安排先到慕尼黑訪問塑膠啤酒箱技術合作的Schoeller（塑樂）集團總部與Mr. Schoeller及其公司團隊會晤，此時正當德國一年一度的啤酒節，我被Schoeller公司安排參訪了這規模龐大的啤酒園遊會，每年估計吸引遊客約六百萬人，穿著德國巴伐利亞傳統服裝的年輕小姐，捧著三疊以上一公升裝大啤酒杯，穿梭於酒館賓客之中。當年希特勒因在此酒館發表瘋狂刺激的演說而興起，並引起二次世界大戰，現在戰後的年輕德國人，高喊「我們在這裡飲酒，看朋友，不要在這裡看到政客，不想為他們買單」。Mr. Schoeller對我的接待很親切誠懇，並特派其總經理Dr. Scippel於我參觀塑膠展覽後，同去丹麥哥本哈根Schoeller分公司觀摩其塑膠酒箱工廠作業。在丹麥我當然也親臨哥本哈根朗厄里尼港碼頭，觀賞了文學與雕塑藝術均為著稱的美人魚銅像（Little Mermaid，安徒生一八三七年童話故事），銅像五呎高，與真人一般大小，並被譽為丹麥的象徵。

從丹麥哥本哈根我先飛倫敦向G. K. Windsor催運射出成型機，然後由倫敦搭乘穿越蘇聯大陸由西向東飛美國阿拉斯加再轉飛日本東京的北極航線，回拜日本明治橡膠與化學公司，飛機預訂抵達東京機場時間是晚上八點，實際抵東京時間竟係午夜十二點，Mr. Matsumura（松村英一社長）親自來機場接機，讓他在機場枯候四小時，真是非常抱歉。到達旅館，放下行李，松村社長忽然問我，「累不累，如果不累，想請我到他寓所小座」，此時此刻面對松村社長不尋常的邀請，我直覺地欣然回答：「不累，很高興能有這個邀請。」我們從旅館到松村寓所已是午夜一點，松村夫人和她讀小學的女兒，還有另外幾位女孩，仍環坐日式餐桌，帶有倦意地等待著我們，接著她們唱了幾首日本歌，表示歡迎之意，愉快地結束這場特殊的晚會，凌晨我欣然告辭。

事後松村社長坦然告我，她女兒將我要到訪的信息，曾轉告幾位同學，她們對一位中華民國的退役將軍到訪，很有意見識，松村小姐並熱心安排一些表演，因為我在日本停留時間很短，所以訂在我由歐洲抵達東京當晚在寓所聚會，不料飛機誤點四個小時之久，我想松村若非愛女心切（獨生女），在那晚深夜我初抵東京時，不會向我婉轉提出造訪的邀請，而我當時若拘泥夜深到訪，造成主人不便的顧慮，辭謝松村的邀約，則松村愛女和這些天真可愛的同學，將會如何失望，而且松村日本三菱貴族後裔的素養，如我當晚未去寓所，他永遠也不會將他女兒和同學那場安排再告訴我，我真慶幸我那夜所作接受邀約的決定。

在東京的第二天早晨，我正式拜訪日本明治橡膠與化學公司，松村社長當著眾多幕僚第一句開場白：「自從你贏得了這局game」我立即發言表示：「不是我贏了這局game，是我們贏了這局game，否則我今天就沒有機會在這裡與大家聚會」，顯見明治橡膠同仁們對雙方簽訂的技術合作合約，沒有達到當時日本企業界對台灣廠商技術合作一貫的強勢立場頗為介意。但我對松村社長當初在公司內力排眾議，把握時機，贏過了三井與我們立即簽訂合作的決定，卻深表敬佩。松村社長平時保持日本貴族後裔矜持有禮的風度，英語流利、識見卓越，他似乎在中日戰爭時，曾服役海軍，到過中國上海，目前明治橡膠與化學公司除了塑膠啤酒箱，也為日本生產製造民用軍用航空高速輪胎，他也了解我塑膠工廠屬於國軍退除役官兵輔導會，對我稱呼General Chang，但我們從不觸及戰爭往事，我們個人相處存有惺惺相惜的深厚友誼，我們合作之初，六個月中，他已來我廠訪問三次之多。

## 十萬呎高空汽球空飄大陸

二十世紀中國大陸仍是一個完全封閉的社會，將台灣自由民主繁榮的信息，空飄給大陸同胞，同時也附帶贈送一些生活用品和食物，是非常有意義的心戰活動，國防部總政治作戰部與中國大陸災胞救濟總會合作，運用美國太空氣象探測高空氣球，向大陸各省空飄散發這些傳單和物品，有非常突出效果，中共甚至用空軍飛機來打擊這許許多多目標非常擴散的塑膠汽球。一九七二年中共與美國開始有對話，雙方並且對海峽兩岸問題有承諾，大陸不攻打台灣，美國也不支援台灣攻擊性武器裝備。我警覺高空氣球雖不算武器裝備，但具攻擊性，一旦中共發覺我國防部高空氣球來自美國，極可能向美方提出禁售要求，也極可能獲得美方同意限制出售。同時我進一步了解，高空汽球球體乃PE塑膠膜，不過膜體規格要求精細嚴格，既要輕薄又要有極大的抗壓強度。extrusion吹膜乃我廠創業兩個生產重點之一，我們是台灣當時唯一具備西德精良吹膜機器工廠，也累積了豐富吹膜技術經驗和人才，我自信具有爭取美國技術合作發展生產自製的條件。首先我向國防部總政治作戰部爭取支持，當時總政戰部主管空飄業務的副主任白萬祥中將，我們曾在聯勤總司令部共事，白係聯勤總部政戰部主任，我係聯勤美援物資接收處處長，在工作績效上，我得到了白將軍的信任。美國方面汽球製造為Winzen Research Inc。其經常來台灣之業務與空飄技術支援代表為Mr. T. M. Thon，我先邀請他參觀我塑膠工廠，Mr. Thon也是二次世界大戰美國退伍軍人，我們很順利建立了合作的共識，接著我起草了技術合作協議書，由Mr. Thon帶回美國公司討論，繼而經過與Winzen公司執行副總經理Mr. D. R. williams數次文電往返，最後僅有幾點關鍵問題，我們相約在美國達拉斯機場旅館面商，協議書談妥簽訂以後，我隨即可受邀進他們工廠參觀及討論技術轉移細部問題，Winzen係美國軍方太空部門高空氣球特約廠商，工廠出入受軍方安全法規約束管制嚴格，所以在未簽約以前，我們祇能在廠外附近旅館會晤，我由台灣飛美國，抵達拉斯機場旅館約下午四時，與討論未了問題到晚八時圓滿結束，機場旅館餐廳已停止營業，我們竟面臨沒有晚餐的窘境，同時協議書定稿，需要打字、機場旅館也不再提供這項服務，Mr. Williams最後說：「我太太可以打字，她與我同行就請她代打」我祇好向其夫人說：「我已經將她們夫婦時間佔用了一下午，現在又麻煩做打字工作非常抱歉與感謝。」當晚簽約完成，第二天一早，Mr. Williams夫婦飛華盛頓應美軍方約會，我與Mr. Thon搭乘達拉斯機機場新落成的無人駕駛捷運離開機場，再由Mr. Thon在機場出口租車逕赴Sulphur Springs參觀工廠，我掌握了高空氣球技術轉移重點方向，其一為PE膜的選料與生產，PE膜規格要求非常嚴格，膜體厚度僅為〇．〇一公厘，厚薄均勻度精密到〇．〇〇二公厘，膜體張力強度每平方公分二百一十公斤，低溫脆性在攝氏零下八十度不脆裂。對此我廠因有西德最新型垂直旋轉擠壓機（35mm Vertical Extruder）適合本案特定膜體生產要求，加以工廠生產輕重包裝袋，收縮包裝膜（Shrinkfilm）豐富而成功的技術人材與經驗，如美方就選料及擠壓機操作條件及品質管制提供技術資料，應可達成任務要求。其二為球體製造及各種機械、電子零附件裝配，球體一般長度二十八公尺，其裁剪弧度樣板，膜體魚眼檢查，膠帶黏作均須熟練人工操作，最後與美方商定我工廠將派出一個四人小組，含技術組長李淑女小姐及PE膜專業工程師廖強等到美國作為期一週的實習訓練，我並要求美方在實習人員到達前先分別寫好個別分組訓練計劃，實習訓練完畢，再請美方選派一位製球領班，來台灣作為期二週的現場作業輔導。

籌備與技術移轉均非常順利，國防部總政戰部選定在花蓮作夜間施放與驗收，標訂高度為十萬呎，然後隨風向向大陸平飄，結果三個廠製高空汽球在屏東、台北林口、澎湖依三角位置設置的雷達站追蹤監測下，分別在升空一一〇、〇〇〇，一〇八、〇〇〇，一〇〇、〇〇〇呎後平飄，總政戰部副主任白萬祥中將親自率員在花蓮驗收，他因結果圓滿感到如釋重負。因為我的堅持，他的信任與支持，總政戰部方同意，在第一個籌製年度，即百分百停止外購，完全期待我們現學現做，接到三個雷達站回報信息，他第一句話對我說的是「這下我才可以放心，否則我們要負貽誤軍機責任」。

高空汽球依時控裝置，平飛到中國大陸不同距離省份，自動引爆後傳單袋所裝救濟物品與宣傳單開始向四處自由散落，西藏和尼泊爾也曾有散落傳單，江青四人幫被捕，中共對新疆起初是消息封鎖的，因為我方空飄汽球傳單在新疆散落，曾一度引起傾向四人幫的陶峙岳所部震動不安。

為了發展對大陸近距離中空汽球，我曾特別邀約中央研究院數學研究所，選派三位博士就我們既有技術資料和高空汽球球體弧度樣品，依樣畫葫蘆完成了中空汽球的設計，並施放成功，達成大陸當面近距離戰術性中空汽球研究發展，達到降低製作成本，減少充氣量，增大載重量的經濟效果。台灣大陸災胞救濟總會主席谷正綱先生和國防部總政戰部主任王昇上將均曾在一九七五年先後到本廠參觀訪問。

高空汽球時控裝置，我也曾與台南成功大學電機研究所進行學術研究合作，簽訂時並邀請國防部總政戰部白萬祥副主任和國軍退除役官兵輔導委員會首席技術顧問趙煦雍博士見證。

## 推荐十大傑出女青年選拔

一九七六年台灣舉辦第六屆十大傑出女青年選拔，我感於高空氣球的發展是本廠一大成就與榮譽，應該可以作為推荐傑出女青題材，我推荐技術組長李淑女小姐，她是台南人，台灣大學化工系，美國塔夫脫大學物理化學碩士，我在塑膠工廠建廠時，從行政院青年輔導委員會回國學人名冊選拔任用，對建廠很有貢獻，奉派率領技術人員赴美接受空飄技術轉移更著有績效，我向工廠員工宣佈推荐提名，並説明事關團體榮譽及成功不必在我的團隊精神，接著要寫推荐事蹟資料，李淑女本人不願自吹自擂，其他各組室提供資料也不熱心積極，我祇好自己揮筆完成具體資料作業，經提名推荐並獲當選。同屆同時當選的記得有作家張曉風女士和曾參加本廠中空汽球研發的一位數學博士，她因國中數學教學貢獻特出而當選。

## 參與創立聯聚公司

塑膠原料的生產是塑膠工廠今後垂直整合發展方向重點，一九八二（民七十一）年我參與台灣USI母公司國民製酒化學公司（NDCC）發起塑膠高密度聚乙烯（HDPE）在台灣生產自製，合作公司稱為聯聚公司（UPC），選用比利時技術，因為當時國家政策積極爭取歐洲國家經濟合作，我特別建議邀請SOLVAY將原本的技術合作，改為技術與投資合作，憑藉NDCC聲望，很順利獲得SOLVAY同意，SOLVAY當時的態度「對台灣不熟悉，一切尊重NDCC意見」，這項技術投資後來SOLVAY的獲益比單純賣技術，收技術權利金要好很多很多。NDCC董事長Mr. Bierwirth來台灣視察其在台投資的台灣聚合公司（USI）曾先後兩次到我廠參觀訪問，一九七一台灣局勢還不算很穩定，國外大的投資尚不踴躍，我們榮民事業能參予發起HDPE塑膠原料的投資合作，曾引起當時行政院副院長蔣經國先生的重視。

台灣塑膠原料生產，最早為台灣塑膠公司王永慶的PVC塑膠，約在一九六六年政府因獲得美援，在行政院成立美援運用委員會，為發展國內經濟，大力扶助民營企業參與工業生產，美援會邀請中美專家，為業者先做好完整的具體投資計劃，並準備好低利率美援貸款，然後在台灣尋找投資人，幫助他們創業，但投資人限定為台灣本土人氏。「ＰＶＣ塑膠」為其中投資項目之一，其他尚有造紙和玻璃等工業，ＰＶＣ塑膠曾先聯繫本土企業家陳尚文、何傳，他們均因不懂塑膠是什麼，而分別揀選了玻璃和造紙計劃。大陸來的企業家趙廷箴有興趣ＰＶＣ計劃，但不是台灣人，資格不符，乃邀請當時做伐木生意的王永慶合作，以王的名義承接了政府ＰＶＣ塑膠輔導計劃。起初台灣ＰＶＣ塑膠公司經營並不順利，王永慶先生發揮了他的經營長才，一方面擴大ＰＶＣ產量，使能更接近經濟規模，一方面成立了ＰＶＣ塑膠下游加工業南亞塑膠，使ＰＶＣ能有穩定的銷路，進而逐步奠定了王永慶先生台灣塑膠輝煌的事業基礎。

## 孝武、孝勇參與事業合作

經國先生公子孝武自西德學成回國，初期托付退除役官兵輔導委員會趙聚鈺先生照顧，趙主委派任為計劃考核處專員。孝武有意在台灣向文化事業發展，因而創立了華欣文化事業中心，發行文藝刊物及致力出版，印刷與廣告事業。印刷部份由榮民印刷廠（紙張印刷）及塑膠工廠（塑膠膜印刷）參加投資合作，印刷廠孝武要求設在塑膠工廠廠區，所以有一段時間，孝武來高雄，即直接來塑膠工廠，一九七三年（民六十二）蔣（中正）總統華誕，孝武早晨先去老總統官邸拜壽，中午到經國先生官邸午餐，傍晚還特地搭機來高雄塑膠工廠，參加本廠與華欣印刷員工祝壽團拜和聚餐。情意與熱忱令人感佩。

經國先生三公子孝勇，參加國民黨黨營中央玻璃纖維（FRP）公司任總經理，為開發材料市場，在經過從台北到高雄，對全國FRP相關工業考察訪問後，選訂與本廠產銷及技術合作，本廠乃提前成立玻璃纖維塑膠工場，遴派海軍工程學院畢業，海軍退役中校王經定為工場主任，初期產品為郵局各地鐵製郵筒改用FRP郵筒，有防鏽蝕，經濟耐用功效。進而發展FRP小艇及外銷遊艇事業。

## 爭取德國在職訓練員額

西德塑膠工業機構為向國際推廣文化交流與塑膠產業發展，設立了塑膠加工職業訓練中心，吸引國外塑膠加工從業人員給予專業訓練。訓練期間十八個月，前五個月為德語學習，後十三個月為專業訓練，受訓人員一切食宿免費，並發給若干零用金。台灣原分配一個名額，我透過技術合作的SCHOELLER公司，額外為塑膠工廠爭取到一個增加名額，技術組長李淑女小姐有意參訓，我鑒於她的適婚年齡，顧慮一年半的時間恐會影響她的婚姻大事，建議她還是留在國內適時選對象結婚為先。乃選派射出成型工場台北工專畢業助理工程師孔祥祺赴德受訓。一年多後，孔祥祺赴德受訓回國，繼續遴派第二梯次人員，李淑女組長向我表示，「她還是她，希望第二期赴德受訓，不要顧慮她的婚姻問題」根據學歷、經歷及工作績效考核，我同意選派她赴德參訓，達成她留美以後，再留德向學志願。

## 二戰奇襲美國波士頓的德國潛水艇長

西德Mr. Alexander Argyropoilos（亞樂斯，簡稱Mr. A. A.）係瑞士Morden Tooles公司業務代表，其台灣代理商為瑞士海外貿易公司（COSA），一九七二（民六十一）年Mr. A. A.首度訪問本廠，嗣後Mr. A. A.每年來台均與我有約聚敘，我們沒有什麼商業往來，純是友誼聚會，Mr. A. A.有一個很感人身世，他是二次世界大戰德國海軍上校，任德國海軍潛水艇艇長時，曾奉令潛入美國東海岸波士頓港灣成功，美國空軍戰機試圖狙擊未果。二次大戰結束後Mr. A. A.在瑞士從商，某次到美國東岸旅行，於報紙上看到一篇美國空軍戰鬥機飛行員追憶二戰時期奉派攻擊德國偷襲波士頓港灣之潛艇的報導，Mr. A. A.回憶那座被追擊的潛艇就是他自己，於是向報社聯繫，希望能與這位空軍駕駛員見面，報社也認真設法為他們聯絡，結果因雙方時間不能配合，雖然未能見面，但是互相通了一次電話，我問Mr. A. A.他們第一句話講的是什麼?Mr. A. A告訴我那位美國空軍先說「很高興你還活著」。

Mr. A. A.後來終於為本廠找到一項歐洲「塑膠練習槍彈」和「塑膠迫擊砲彈筒」可技術合作的機會，一九七四（民六十三）年九月我利用歐美業務旅行之便，從台北經洛杉磯，德州達拉斯及紐約，飛瑞士蘇黎世與Mr. A. A.相會，再同去奧地利第二大城格拉茲（GRAZ）參觀塑膠槍彈試射。由蘇黎世起飛後當晚因格拉茲天候不佳不能降落，乃改飛維也納機場，到維也納已是深夜，在市區步向旅館途中，我們兩個彪形大漢每人手中各抱一個迫擊砲彈筒，形狀很不尋常。第二天我們從維也納搭火車赴格拉茲，格拉茲從羅馬帝國時代，整個城市就是一個大型兵工廠，市中心兵器博物館是世界最大的武器博物館。塑膠槍彈試射很成功，這是歐洲大西洋公約國部隊射擊訓練用的練習槍彈，以塑膠取代銅彈殼槍彈，我曾向我國陸軍推荐引進，他們試射也滿意。至於塑膠迫擊砲彈筒，對國軍外島部隊非常適用，因金門、馬祖氣候潮濕，尤其金門坑道駐軍保管的砲彈，受潮問題很嚴重，塑膠密閉式彈筒，對砲彈儲存，有極大效益。可惜這兩項新的引進，在我任職塑膠工廠期間均未及實現。

## 「音樂」精神生活的維他命

音樂是人類精神生活的維他命，據專家研究，「音樂」尤其是古典音樂有使人抒情，愉悦感受，能使聽者心情平和，創造和諧氛圍，我在興建塑膠工廠時，特別設計了精緻的音樂廣播系統，嚴格要求，上下班前後，及上下午十五分鐘中間休息時間，播送這類背景音樂，不能播放流行歌曲，也不允許沿襲軍中政戰教育，強迫灌輸方式播放八股文章的所謂「榮民教育」課程節目。

某年，工廠上級機關，行政院國軍退徐役官兵輔導委員會，舉行年終業務視察，主管榮民教育的第一處也參加考核，我工廠輔導業務主管擬好一份榮民教育計劃，請我批可，並表示祇是應付上級視察，實際並不播放，我痛恨機關及部隊年終視察「造假」的官僚作風，不同意作批造假，結果這次年終視察對工廠輔導業務項目的評語，為「該廠有優良的廣播系統，但從不利用實施榮民教育」，分項業務評分僅得六十分，因此工廠總評分受連累降低，績序也落後到所有生產工廠的倒數第二名，公文遞呈到輔導會主任委員，趙主委很不以為然，將塑膠工廠績序用箭頭提升到正數第二名，並批註「專業成績優異」。公文當面交給輔導會主管生產業務的第五處處長劉慶生將軍，囑予調整，並特別指示不要找第一處加分。此是第五處副處長項毓南將軍事後告我如此經過，我聽後非常感戴趙聚鈺主委對部屬考核的細心與領導統御的魄力，也自覺為工廠數百員工，在辛勞的上班時間中，革除了所謂榮民教育的疲勞轟炸，並體會到行政革新雖是障礙重重，但也不乏理想的共鳴。

## 國防管理與企業經營

國防管理與科學管理、企業經營很多是相通的，依據二次世界大戰經驗，國防管理常開民間科學管理、企業管理的先河，如國防管理的計劃管理制度，庫儲物流的存量管理制度，軍隊典範令、操作手冊與企管的ISO制度，空運海運貨櫃化也是先在美軍軍中發展啟用。而軍人武德「智信仁勇嚴」也正係企業家所需具備的品德條件。

人的管理方面，我講求人力精實與彈性編組，每個單位每人的職責均以書面作具體明確的訂定，同時依工作目標的異動可適時調整，以落實目標管理分項目標的分工與考核。分工雖要明確，我也特別注重團隊的協調合作，因此在目標管理績效考核獎金制度的設計上，將績效考核因素區分「團體績效」與「個人績效」，團體績效占個人績效總評達七〇%，個人考勤獎懲占個人績效考評三〇%，以激發團隊合作精神。

人的管理我很注重人性管理，有些似是細微末節，但我要求很認真。例如工廠生產線均係三班二十四小時生產，為維護夜班員工體力，我特別配置夜班炊事，專責提供夜班員工熱食餐飲。有次我巡視夜班生產線，與領班談話，問他生活狀況與最苦惱的事，他回答工資收入維持家庭生活沒有問題，苦惱的是兒女不能生病、醫藥費太重，難以應付（當時尚沒有全民健保），我考量工廠因限於法定待遇的規定，對這種際遇員工無法支付任何直接補助，此時適退除役官兵輔導會嚴前主任委員公子雋泰留美回國，接任新創業的南山人壽保險公司總經理來我廠訪問，我向他提出專門針對員工眷屬疾病住院團體醫療保險的構想，嚴雋泰總經理很快作了反應，本廠與南山人壽在台灣開創了員工眷屬疾病住院團體醫療保險的專案計劃，工廠負擔全額保費，我並要求輔導單位每月公佈「當月工廠實付保費金額，與上月員工申請給付總金額」以示公信，因為兩者金額非常接近，也顯示南山人壽對本項保險之收費甚為公允。人性管理對群眾浸潤的細緻，要像春夜細雨，「隨風潛入夜，潤物細無聲」（杜甫詩句）。

塑膠工廠創業之兩所工場，均為塑膠加工性質，在生產管理上，我很著重管理科學的計劃管理與動作研究，我強力推動有關生產操作，機器使用保養及全面品質管制諸方面標準作業程序（SOP）的訂立與遵守，並發生重大功用，例如塑膠射出成型啤酒箱生產，起初每一分多鐘射出一次，逐步改進到每五十五秒產出一次，一天二十四小時，每一生產線即可增加一〇%產量。標準作業程序的訂立，係達到品質管制的基本要求，也係計劃管理對年度計劃訂定，與目標管理績效考核之基本準據，落實計劃訂定與追縱考核精準度，且為後來二十世紀末管理科學普遍流行的ISO新管理制，早期奠立了基礎。

工廠創業時期，對產業的技術來源，我很堅持向技術先進大廠（Leading Manufacture）爭取合作，如塑膠啤酒箱之與西德「Schoeller」，PE塑膠膜之與美國USI，空飄汽球之與美國「Winzen Reserch」。至於生產設備，我深深體會中國工商業所用「生財」兩字的含義，重視機器質地，功能與信譽，不貪便宜，例如塑膠擠壓機（Extruder）接受技術合作人推荐世界一流的Relfenhauser，後來在生產工業用新型收縮包裝PE膜及十萬呎高空氣球塑膠膜與台鹽通宵精鹽廠全自動高速生產用塑膠鹽袋，均發揮特有功能，至於塑膠射出成型機在分秒必爭的生產線也獲致成本經濟效果。與Leading Manufacture合作因可早期獲得一些行業新資訊，對事業創新發展更有極大的幫助。

從一九七〇（民五十九）年一月到一九七六（民六十五）年六月，塑膠工廠的經營績效很理想，生產值累計成長八〇〇%，資本報酬率由第一年二六%到第六年一六六%，後來獲益更高的是參加HD-PE塑膠原料投資。榮民安置由第一年五十人，第六年累計為二百六十人。而資產折舊及純益盈餘的現金流入，每年可達台幣八千萬元，此時一個投資案，如塑膠HD-PE、PP，資本投入約為台幣二億元，因此工廠投資能力每年幾可參與一項新計劃二〇%投資合作。一九七六（民六十五）年預訂的新投資計劃為與美國USI等合作塑膠PP原料生產，因德國

SCHOELLER塑膠啤酒箱用料有從HD-PE改為PP之腹案。再下年度新投資方向則為配合高空汽球發展向新興電子事業進軍。

雖然塑膠工廠事業正向高峰發展，我卻因個人家事問題，為保護親情與個人尊嚴，不得不決心辭卸公職，承長官退除役官兵輔導委員會趙主任委員諒解與愛護，對我下達了「堅決辭職，勉予照准，將來仍希回會服務」的人事命令。

## 潛居一年，美國舊金山行

我於一九七六（民六十五）年六月交卸塑膠工廠職務，由早期我選任之副廠長，現任岡山工廠廠長張克勤接任。我離職以後，對家事苦惱仍未獲得協議，七月乃寄居台北深坑一位揚州同鄉宏慈法師所主持的慈航禪寺靜修，約一年時間，煩惱迄未擺脫，決心遠去美國，試圖奔向另一個新希望，抵美後，不意友人所允諾之身份與工作安排未能實現，我祇能以B1，B2身份暫居美國，中間一度還曾到中國餐館黑市打工，補助生活所需。

一九七七（民六十六）年十一月台灣桃園因縣長選舉，發生「中壢事件」，十二月退除役官兵輔導會趙聚鈺主委應邀來美國參加二次世界大戰退伍軍人年會作貴賓演説，我也去機場接機，在機場赴舊金山車程中，趙主委透露，桃園縣長選舉，民進黨候選人許信良獲勝，但當時情況很紊亂，經國先生獲得情報，大陸中共有刺殺許信良，嫁禍國民黨意圖，經國先生乃命令將許信良暫時祕密護送台北三軍總醫院將官病房保護，化解了一場政治意外事件。當然其時民進黨對許信良一時無故失蹤也頗不諒解，更不能體會經國先生應對中共統戰所費苦心。

## 創立美西榮光聯誼會

身在海外，面臨中美斷交，美國與中共建交新情勢，我極想推動創立中華民國退伍軍人留美聯誼組織，初稱美西榮光聯誼會，先向趙主委聚鈺提出報告，趙先生贊同，並指示邀徐思賢退將共同發起，趙主委説徐過去曾係經國先生抗戰勝利後任國防部預備幹部管理局局長時之副局長，經國先生比較熟識，我與徐思賢將軍在台灣係舊識，我們很快獲得聯繫，並積極合作推動，在我國駐舊金山領事館茅副領事祖全大力協助下，籌備工作進行順利，舊金山榮光聯誼會係中華民國退伍軍人在美國第一個聯誼組織，我們起初稱為「美西榮光聯誼會」，趙聚鈺主委親自參加了成立大會，出席三軍留美退伍軍人一百三十餘人，美西榮光聯誼會並正式向美國加州州政府辦理了登記，登記證號碼係一二三四五四號，日期九月五日，一九七九年。

為了維持我在美國居留身份，我在舊金山灣區成立了一人公司，當時留美友人黃文元、林凱利夫婦在灣區投資一家中餐館甚為成功，根據我們了解，其一，美國人很喜愛中國菜，而他們經常每餐必點的一道菜是木須肉夾餅。其二，美國人平時用餐，極講求快速，因此如麥當勞這類連鎖速食店極為流行，因此我們計劃合作創立專門賣木須肉夾餅的中式連鎖快餐店。黃文元負責創業資金籌措，並有中餐館內，熟悉豬、牛、雞肉木須夾餅主廚願參加合作，我擔任計劃主持人，我們並選定第一家創立店址，設在加州新興城市Fresno，我們去Fresno勘察了兩次。同時我並參加了美國銀行等單位主辦之連鎖商店及快餐店多次講習會，也完成了木須公司成立登記。遺憾的是這位主廚突因個人原因，要離開美國回台灣，我基於本案計劃在創業之初一位能確切抓住美國人中餐口味的主廚非常重要，而且連鎖系統很多餐廚作業標準程序，要有這位主廚共同撰訂推動，如今主廚退出，我自覺對計劃成功公算的信心，影響很大，後來此一計劃遂告擱置。

新加坡一位僑領與黃文元相識，計劃在加州矽谷一家電子公司注入資金，須要選派一位副總經理掌握現金動向，無須電子專業，文元推荐我，但後來投資計劃一時沒有進展，也就沒有進一步訊息。

退除役官兵輔導會第五處處長劉慶生將軍獲悉我在美國的窘況。某次來美國加州洛杉磯公差，曾專程搭機來舊金山訪晤，我們相約在機場見面，他並贈送我一個紅包，我計算這相當他在台灣一個月的月薪，雲誼盛情，感人至深。

一九七八（民六十七）年十二月美國卡特總統終於宣佈承認中華人民共和國為代表中國人民唯一合法政府，並與中華民國於一九七九年一月斷交，而且係斷交的十二小時前方通知我國，台灣的反應很悲憤，此時舊金山華僑與舊金山我榮光聯誼會發起了示威遊行，表示對卡特的不滿與抗議。卡特政府自宣布美國與中華民國廢約斷交撤軍後，對台關係的後續處置非常粗糙，其由國務院向國會提送之一份所謂綜合法案，完全沒有提及台灣安全，包括軍售等相關條款，因而引起國會議員的眾怒，美國兩院乃逕自擬訂了現行的「台灣關係法」明白說明對台灣安全嚴重關切的條文，尤其甚者，卡特總統並曾威脅要否決這項法案，幸而在國會正義人士堅決支持，但做了一些務實的妥協後，卡特終於簽署了這項國會主稿的「台灣關係法」，且歷經卡特、雷根、布希、福特、小布希及二〇〇八年起現任歐巴馬六任總統所尊重與遵守。

## 美國洛杉磯行

國軍退除役官兵輔導會在美國加州洛杉磯投資合作設有一家國際貿易公司，稱CODC（Chinese Overseas Development Corporation）輔導會漁業開發處劉處長永懿兼任董事長，在劉董事長提名，劉處長慶生協力，與趙主委同意下，我被派接任該公司副總經理。CODC係美國海外投資公司，我可以不受居留身份限制，我由舊金山灣區獨自開車往洛杉磯赴任，我選擇了人車最少，路最平直的五號公路，上午八時出發，日照很強，天氣燠熱，到中午午後，就感覺昏昏欲睡、唱歌、嚼口香糖，均不能阻止睡意，大約有一段時間，我想我已係入睡狀態，當我忽然醒來時，發覺我後面正跟著一部警車，我精神立即振作起來了，那部警車並未對我作任何處置，祇係從我右後方超越而過，並用麥克風善意地對我喊著「Wake Up, Wake Up」，我至今仍懷念那部警車對我的特別照顧，我想他發現我行車狀況不穩定時，他必係一直耐心地尾隨著我，但他迄未響起喇叭，對我警叫，怕我突然受驚發生車禍。當時正係卡特總統中美斷交，我在車子後窗，明顯貼有一張我國青天白日滿地紅國旗貼紙，這一愛國表現也許幫助我受到那警車視我為外國旅客，而給我一些優遇，車抵洛杉磯市區已係下午五點多鐘。

我國對美國進出口貿易，因經濟成長而日益擴大，但台灣企業對自己進出口買賣，大多均有自設私屬管道，保護本身商業經營與資金操作利益，凡屬獨立貿易商很難有插手機會。所以CODC開業多年，業績不佳，經營困難，我參加工作後，也做了一些新市場開發，亦不如理想，例如以垃圾收縮包裝提供國內填土平地作土地開發。另與留美魯名傑將軍合作，推動由美國出口廢船，在台灣拆船鍊鋼，供應榮民工程等建築鋼筋，魯將軍在台灣時與台灣煉鐵業相當熟稔。又曾與徐達將軍合作規劃洛杉磯中國城土地、與日本有鄰協會回收日遺廢幣獻款聯合開發計劃，此案後因有鄰協會受日本政府改組影響，及我國日遺廢幣政策而中輟。

## 美「共和黨總統選舉任務小組」創始會員

一九八〇年美國大選，民主黨卡特尋求連任，共和黨雷根擊敗卡特當選。指責卡特粗暴放棄對台承諾為當時雷根競選成功主要因素之一。此時我正在洛杉磯居留工作，我忽然從住所接到美國共和黨一份問卷，有五個問題，其一為你認為你是保守派嗎？其三你認同卡特與紅色中國勾結放棄對台灣承諾是嚴重錯誤嗎？當我國海內外對卡特與我斷交正悲憤不平之時，我接到這份問卷，與奮不已，我立即寄回問卷，一、承認我是保守派，二、反對卡特對台灣的錯誤舉措。不久，我接到美國共和黨總統選舉委員會（Republican Presidential Task Force）來函，我被邀成為該會任務小組發起會員（Task Force Charter Member），我的會籍從一九八一年開始，會員號碼為四八四一一，該會創始人為雷根，信函並說明我係被問卷抽籤抽中的，全美洛杉磯分配名額二人，我係其中之一。這一Task Force到老布希競選總統時，我雖已人到台灣，仍繼續透過美國通訊地址，保持聯繫，我先後收到雷根和老布希為我署名的簽名照作為紀念。

## 洛杉磯榮光聯誼會

舊金山中華民國留美退伍軍人組織「榮光聯誼會」從發起到成立進行順利，洛杉磯留美將領徐達將軍很想成立洛杉磯榮光聯誼會，我與徐達將軍我們出錢出力積極推動，其時留美洛杉磯之退役空軍已有一個組織，由空軍張光明、王樹法負責，陸軍方面經過個別聯繫，參加者非常踴躍，海軍退役人員在洛杉磯較少，當時還有一批東北義勇軍退役人員有一個小組織，且很活躍，可惜我空軍退役人員代表強烈反對他們參加，我們不得不婉拒。洛杉磯榮光聯誼會徐達將軍任第一屆理事長，張華珩、譚瑛、項克恭、陳名階、張光明、王樹法任理事。後來曹永湘將軍由紐約遷居洛杉磯，也參加活動。很長一段時間，譚瑛、項克恭、曹永湘和我，我們經常週末在徐達將軍寓所，接受徐府招待，暢談國事，當時曹永湘將軍也係獨居洛杉磯市區，每次我順道開車接送他往返。

一九八〇年我在洛杉磯也曾參加美國加州大學洛杉磯分校語言中心補習英語，特別是矯正英語發音。後來我也曾選修了「多國籍企業管理課程」（Multination Business Management）感受UCLA朝氣蓬勃的校園青春氣息。

因為子女逐漸成長，教育問題對父親的責任日益重要，其時嘉政兒正就讀師大附中，兩女嘉敏、嘉玫國小畢業，而我自稔當時境遇，沒有能力足以接待他們移居美國，因此，我決心辭

CODC職務，離美返台，於一九八〇（民六十九）年七月成行歸國。繼而以忍耐和同理心，面對現實，先妥協了家務問題。

## 就任榮民化工廠

我一九八〇（民六十九）年七月回台灣，一時尚沒有向趙主委請見報告，但當月就接到國軍退除役官兵輔導會趙主委派任會屬榮民化工廠廠長的人事命令，事後輔導會第五處處長劉慶生將軍告我，當時係緣於一位新加坡僑領來台灣與趙主委晤面時，向趙主委探聽我的人事背景，表示有意在美國聘用我，趙主委當面向這位僑領回說：「這個人我們輔導會要繼續任用」，因而趙主委很快就主動派任我這個新工作崗位。這位僑領我想就是前述準備在舊金山的矽谷向一家電子公司注資合作，有意約聘我以副總經理名義掌握資金動向的往事。

榮民化工廠設在台灣楊梅工業區鄰近的高山頂地區，產銷各種殺蟲、殺菌、殺蟎、稻種消毒、除草、殺鼠之粉劑、乳劑、液劑、餌劑農藥和環境衛生藥品。台灣農藥市場向由歐美和日本農藥大廠掌握主要農藥之原體的專利與產銷，如BAYER，BASF，ICI DOW CHEMICAL，並以日本勢力最強。國內大小農藥廠商如興農、正豐、三晃、東和、惠光、榮民化工等，則係爭取國外原體授權加工製藥後，透過各縣市農藥經銷商供應農民用戶，廠商之間競爭激烈。純以公營事業形態經營很有競爭壓力，故榮民化工自遷楊梅擴廠，到我接任時，仍係虧損狀態。

我接任以後，首先在人事方面改善體質，高級技術人員除原聘兼任顧問清大徐聖煦博士，特從行政院青年輔導會國外回國學人待業名簿、增聘一位化學博士林立峰擔任技術組長，化工碩士張重協助工場生產線工業工程，另聘三位國內大學農學院植物病蟲害系且具農藥市場經驗學士三員擔任農藥行銷管理與售前售後服務。同時更勵行一般非專業人事精簡，陸續裁減員工五十七人。對農藥行銷則嚴格採行目標管理與績效考核及經銷獎勵制度。

按民俗十二生肖，我係宿老鼠的，到榮民化工，我第一件大事，恰巧係接受台灣省農林廳合約，生產供應全國各縣市撲殺家鼠野鼠的Warfarin餌劑殺鼠藥。這係台灣一項很有績效的全國性，統一定期定時撲鼠運動，本廠因應季節性需求，有約一個月時間集中人力重點生產，對工廠營運績效與士氣有極大幫助。重點生產時間，我特別指定生產線員工加發牛奶與維他命，維持員工體力。

巴拉刈（Paraquat）除草劑對台灣農作物生產極為重要，包括榮民化工、台灣共有十多家生產廠商，但巴拉刈中間原體聯吡啶之生產在技術與產率上均不及英國ＩＣＩ原廠，所以國內製品在外商打壓與同業惡性競爭之下，大家均沒有獲益能力，且巴拉刈中間體生產，因技術不足，對工業廢水處理上也有問題，最後國內廠商乃與ＩＣＩ集體和解，大家停止中間原體生產，接受ＩＣＩ低價限量供應工業級原體，在台加工為巴拉刈農藥內銷，穩定巴拉刈品質與內銷市場，增強巴拉刈除草劑之市場競爭能力。因為限量關係，國內巴拉刈廠對原體配額不免有很多爭執，榮民化工係公營工廠，為避免與民爭利，我採取不參加廠商配額分配，等國內廠商與ＩＣＩ集體合作關係定案後，我與ＩＣＩ直接單獨會談。後來我們雙方採取了新的合作方向，ＩＣＩ定量供應榮民化工更高純度巴拉刈工業級原體，在台灣稀釋為巴拉刈中間原體，專案外銷國外特定廠商，榮化的實際收益當然遠優於爭取國內配額生產內銷。

一九八一（民七十）年六月七日，退除役官兵輔導會主任委員趙聚鈺先生不幸因肺癌病逝，趙先生自隨經國先生接掌輔導會職務，對照顧退徐役官兵及開拓榮民生產、醫療、國內外重大公共工程等事業成就非凡。除了榮民事業，趙先生追隨蔣經國先生參贊黨國大計，貢獻殊多，先總統蔣公（中正）生前也寄予很高信任，正如國畫大師張大千先生輓詞所說，公而忘私、忠貞體國。而我個人則因趙先生的逝世，永別了一位敬愛且有知遇之恩的長官。接著國防部副部長鄭為元上將繼任退除役官兵輔導會主任委員。

榮民化工產銷多種農葯與環境衛生用葯，有少數廠員以往在工廠行政部門認同下到台北辦事處對外打零工，做環境衛生消毒與蟲害防治工作，收入也不公開，產生流弊。我在美國居留時，了解環境衛生蟲害防治，係一專門行業，受到社會重視。因此，我將工廠台北辦事處重行編組，正式展開市區環衛蟲害防治業務，除了一般大廈消毒服務，特別著重大醫院對老鼠、蟑螂、螞蟻、蚊蟲、蒼蠅，所謂消滅五害的特約服務，台北榮民總醫院鄒濟勛院長最能接受這項觀念，工廠防治小組除了對醫院進行定期防治計劃，並派專人駐院對病房及診療場所，提供廿四小時全天候服務。環衛專業須講究人身安全，避免用葯對人員傷害。這項服務規模逐漸擴大，因係勞力服務性質，我最初就著眼將服務收入扣除葯品與人工成本，其餘均列為工廠員工福利收益，使工廠員工福利有了相當固定財源，且也獲得審計部門理解。

工廠內部行銷管理有些積習，如業務員收帳帳目不清，我斷然停止業務員收受現金方式，要求經銷商一律將貨款匯撥轉帳，並調派退役周鐵英上校接任業務組長，加強對各縣市經銷商行銷管理，依行銷目標扣緊追蹤考核，有一位業務員在我到任時積欠帳款多年，經多次限期未能歸還，迫不得已乃移送法辦。工廠另有一項陋習可在宿舍聚賭打麻將牌，尤其年節時間為盛，我特予嚴格禁止，果斷革除了多年不良傳統風氣。

工廠經營積效日有增進，並已轉虧為盈，我開始著手策訂工廠遠近程規劃目標，工廠廠址名稱係楊梅高山頂，我將工廠遠程規劃命名區分為東岳、西岳、南岳。東岳為化學及原料產業，西岳為活性劑環衛產業，南岳為農葯事業。

## 籌備東岳一號ＴＤ１計劃

光氣（PHOSGENE）為關鍵性化學工業原料，經濟部工業局一九八一（民七〇）年一月曾召集會議，建議榮民化工廠籌設年三千噸光氣工廠，以發展農葯原體中間原料。但農葯原體之研究發展需時甚長，且以自製原體作進口替代，市場推廣亦需費時日，故須先尋覓更具市場能力且已相當成熟之衍生產品始能穩定經營。一九八二（民七十一）年二月國軍退除役官兵輔導委員會鄭為元主委基於ＴＤ１與國防需求如ＤＮＴ與ＴＮＴ火炸葯之關聯性，向我當面指示，囑進行ＴＤ１計劃之籌設。盱衡當時國內外市場，ＴＤ１主要用於ＰＵ生產原料，國內ＰＵ及其加工品內外銷當時已非常發達，並繼續高度成長，但原料（ＴＤ１）一向仰賴進口，作為PHOSGENE衍生產業最為適切，又ＴＤ１中間製品ＤＮＴ，可供兵工生產火炸葯ＴＮＴ，直接與國防有關，加以國防化學科技專家如中山科學院四所所長吳謀泰博士等認同ＴＤ１工業本身即屬具有廣泛國防軍事價值，因而本計劃尚可獲得國防基金支持援助。我並正式奉到兼任輔導會本計劃籌備處主任人事命令。

ＴＤ１（二異氰酸甲笨脂）計劃籌備期間，我依工廠長程規劃編為東岳一號計劃，並循以下途徑進行作業。技術部份技術組長林立峰博士從史丹福研究所網路獲得足夠初步資訊，設計年能量一萬噸，製程包括DNT TDA PHOSGENE 到ＴＤ１（二）ＴＤ１生產原料包括一氧化碳、氯氣、硝酸、甲笨、硫酸、氫氣分別協調中國石油公司，台肥等爭取料源供應及行情調查。（三）ＴＤ１歷年進口行情調查及下流ＰＵ泡棉，國內產能及內外銷市場調查，與直接訪問。（四）廠址勘選（五）財務分析使用投資分析軟體，計總投資台幣十億二千萬元，投資報酬率現值法計算百分之十一點九八，普通法計算百分之二十七點六六，投資回收年限五年（普通法計算）。

ＴＤ１民營部份投資合作人，我推薦美國在台ＰＥ塑膠投資人ＵＳＩ（台聚公司），並參加建廠籌備與將來公司營運管理，獲張植鑑董事長同意接受，我也協調中國石油化學開發公司董世芬董事長，邀請參加投資合作百分之十。

ＴＤ１技術來源，經委托台灣中鼎公司向全世界二十一家可能提供技術廠商發出邀請函，繼對有意提供技術廠商發出詳細通知書，要求一九八三（民七十二）年五月十五日前將建議書含合作條件送達邀請人。我隨即偕同技術組長林立峰博士及中鼎主辦工程師吳境現，訪問技術合作對象，德國ＢＡＳＦ，義大利TECHNIMONT及美國ＯＬＩＮ，並實際參觀義大利TECHNIMONT TD1工廠及ＢＡＳＦ設於美國之ＴＤ１廠，在美國也訪問史丹福研究所嚴演存博士，臨回國時，得悉李國鼎先生也因公來加州灣區，我特地改變行程，趕到李國鼎先生旅邸，面報本案經過。

ＴＤ１籌備計劃完成作業，我向鄭為元主委簡報並核可以後，首先提國防部國防工業基金委員會審議，基金會先派委員遠東董事長徐有庠等初步審查。國防工業基金係賴名湯將軍任參謀總長時設立，離總長任後，仍擔任基金委員，我在基金委員會開會前，特別赴賴上將官邸先作簡報，另台塑公司董事長王永慶先生也是國防基金會委員，但自委員會成立以來從未參加會議，這次審議ＴＤ１計劃案王董事長特別通知要出席會議。審議會由國防部長宋長志上將主持，我將計劃簡報完畢後，行政院國家科學委員會徐主委賢修率先表示台塑王董事長今天出席會議請他表示意見，王董事長永慶發言謙稱「他不太懂ＴＤ１，有幾位回國學人可以提供幫助」。賴名湯上將隨即說「請中山科學院黃院長表示意見」，黃孝宗院長發言「我也是回國學人，我們中山科學院全力贊同和支持本計劃。」繼經過其他幾位表示正面意見後，計劃案通過審議。接著要提報行政院國防工業發展政策指導小組（自力小組）。

自力小組於一九八三（民七十二）年一月八日，第十七次會議審議本計劃案，行政院長孫運濬先生主持會議，輔導會鄭為元主委偕同我出席，我作完計劃案簡報後，首先經濟部趙耀東部長表示本計劃如係經濟計劃希望照一般程序如係國防計劃沒有意見。接著經濟建設委員會主委俞國華先生則對計劃績效表示關心，認為過去小組通過各案，至今多有虧損，須賴政府不斷支援。繼國家科學委員會徐主委賢修發言「國內石油化學工業體系，目前尚缺這一塊，本計劃並可以彌補此弱點。」後行政院科技小組李國鼎先生發言說：「國防與民生合一本來是件不容易的事，本計劃可以作為一模式來進行」。自力小組委員發言後，我立即提出補充報告說：「過去有些國防工業基金計劃，因為缺乏市場支撐，須完全仰賴國防採購，如國防需求平時較少，即影響經營，本計劃則不但不須依賴國防採購，而且非必要不希望有國防採購，因為支持國防需要的僅係中間成品，使全般計劃的經營反受影響。」最後行政院孫院長作結論裁示，「本案同意由國防工業基金貸款，不能再增加，請輔導會再就技術獲得可靠性，國內外投資條件，市場能力作深入研討後，提出計劃」，這時孫院長特別問經建會俞國華主委計劃要不要送經建會，俞主委當時答覆「不需要」，孫院長乃繼續裁示，「提出計劃逕報行政院。」散會後我在會議室走廊遇到國防部宋長志部長，宋部長特別用手勢對我說「加油，加油」。

遵照孫院長自力小組裁示各點，我逐項申覆說明，陳報國軍退除役官兵輔導會核轉行政院後，擱置甚久。繼於一九八五（民七十四）年七月十八日以台（七四）防字一三四一七文覆示「本計畫暫緩議」。揣測本案被擱置原因，可能為最高層受印度TD1廠兩年前發生意外造成重大傷亡，影響所致。關於TD1廠工業安全我們籌備小組在訪問參觀德國及義大利兩家工廠實際作業時，均曾特別重視與探討，德、義兩廠對此有兩項防範重點（一）生產線將光氣之製量經常保持一定限量。（二）光氣遇水分解，故在生產線上方設置強大自動噴水設施。因此印度之重大意外本應可以防止。至於平時微量洩漏的防範，則於現場有多重偵測設施，全員全天候注意偵測。

TD1計劃之經濟價值曾為自力小組一位委員所關心，我事後檢討，我們計劃籌備階段，TD1價位係參酌當時國際行情，每噸一千六百美元預計。到預訂營運時間，一九八六（民七十五）年TD1國際市場行情每噸已達二千美元以上，而重要原料如甲苯、硝酸，其時則不漲反跌，計算投資回收年限竟可提前到了二～三年。又事後我得到訊息，中國大陸與我們同一時間，也進行TD1計劃，並且也以BASF為技術合作對象，廠地研判在四川成都附近地區，年產能同樣為一萬噸。

## 農葯超市，榮化交卸

台灣農葯行銷，從個別零售，有向超級市場發展趨勢，興農公司與德國BAYER台灣合作走出第一步。我與德國BASF台灣總經理漢力克（MR. E. HENNLICH因業務相交一向互有尊崇，而且我們之間農葯產品在台灣市場沒有大的重疊與競爭，因此我們邀請了另一位德國農葯廠、計畫合作成立三位一體聯合農葯超市體系。MR.HENNLICH並將計劃構想陳報總公司，德國BASF特派一個小組來台灣作市場評估認為可行性甚佳。可此時我奉命調職本會楠梓工廠，交接以後，新任廠長與對方就未有進一步發展。

從一九八〇（民六十九）年八月至一九八五（民七十四）年九月我任榮民化工廠長計五年兩個月，業績成長第一年百分之二十六點三，第二年百分之六十五點八，往後三年每年成長百分之十三至十九，但因台灣農業化學為艱苦工業，營業獲利率僅為百分之一，努力尚嫌不足。

## MR. HENNLICH與德國波茨坦之行

德國BASF農葯部總經理MR. HENNLICH精明能幹，理解力強，事業企圖心旺盛，待人接物有禮有節。後來他也離開農葯行業，被BASF早期派赴中國大陸南京與金陵石化合作創立石化樹脂公司。一九九二（民八十一）年我自台灣首度回大陸，先到南京，反是受這位德國朋友接待，介紹認識金陵石化，接著ＢＡＳＦ因放棄石化樹脂產業將公司轉讓德國DSM. MR. HENNLICH離開南京定居台灣，我們相約每周午餐聚會一次，後來他在台灣設立了K. K.（耿耿）公司，引進德國SUD CHEMI 奈米塑膠添加劑，用以強化塑膠耐燃性和剛性韌性等強度，我邀同前南亞研究所楊德明所長分別為他引介台塑公司及新光公司進行推廣實驗。此時我長女嘉敏自美國南卡羅來那州大畢業回台，承MR. HENNLICH推薦入台灣BASF工作，後來嘉敏赴德國就讀研究所，也得到他的照顧。

二〇〇二（民八十一）年八月，我與MR. HENNLICH相約赴德，我們曾同游柏林，親自觸摸到曾經隔絕東西德人民，現已開放的柏林圍牆。我們並特別到了柏林附近的波茨坦，參觀被完整保留的美、英、蘇三國領袖羅斯福，邱吉爾，史太林歷史性的波茨坦會場。一九四五年七月波茨坦會議宣言，對中華民國與台灣非常重要，那次宣言的第八條重申並確認蔣總統（中正）與羅斯福、邱吉爾在開羅會議宣言所宣示「日本無條件投降、應將竊自中國領土，包含東四省，台灣與澎湖，歸還中華民國」我親見了現場所陳列那份波茨坦宣言文件。一九四五（民三十四年）九月二日日本向包含中華民國在內的盟軍投降時，降書中承諾無條件接受這份波茨坦宣言公告。中華民國政府也在一九四五（民三十四）年十月二十五日，正式收復台灣，並行使主權至今。嗣後中日和約第十條也訂明「台灣及澎湖居民均認定為中華民國國民。」

MR. HENNLICH小我十二歲是小老鼠，不幸卻因攝護腺癌在台早逝。我們分享了廿多年的深厚友誼。他的德國前妻和在台結婚的遺孀以及他兩位現居德國的公子，我均相識。

## 楠梓工廠與文官退休

國軍退除役官兵輔導會楠梓工廠，原稱台南工廠，係奉令接收台南一家美援迄未開工砂紙布工廠，成立後由廠長孫毅整理開工，規模不大經營很有績效，除歸還美援貸款，並連年獲致盈餘。孫毅廠長出身兵工學校，一九五七（民四十六）年我任國防部第四廳組長時，係我的副組長，勤懇幹練，我們相處很好，祇惜在台南廠長任內，因病去世。嗣後工廠遷高雄楠梓，改稱楠梓工廠，擴建時，搭配西德與國內機器一度也有美國NORTON技術支援，想因當時對設備，製程，技術轉移均欠落實，生產始終不順，產品品質與生產成本均難與日本進口磨材競爭，致有虧損。鄭為元將軍接任輔導會後，派一位退役空軍莒光聯隊長接任廠長，仍一時難見成效，而廠內卻出現助手夥同少數主任級幹部經常茶餘飯後，公開批評主官及聯名上控非常現象，我受命接任，曾堅持對首要不倫高幹必須調職，以淨化人事，結果人事調整很遲緩，淨化消息反外洩，又結怨這位高幹，不久對我向輔導會地毯廠買十條毛毯捐助天主教台南區養老院也被向輔導會告發。我捐助台南天主教養老院十條毛毯，主要係基於楠梓工廠原設台南市，至今半數同仁均仍住台南，希望將來養老院對工廠老弱同仁或眷屬也可有照顧，且工廠台南起家這也是對台南盡一份企業的社會責任。買會屬地毯廠毛毯也係為友廠打氣，輔導會接到告發派員到台南向總主教查實，且要做筆錄，因此事後我還受到天主教台南區成總主教的微言。

我一九八五（民七十四）十月年接任楠梓工廠，住在廠長辦公室，花了兩個月時間，了解狀況及甄選熟悉技術與產銷的幹部，共同作業，在經濟原則下，先有限度排除瓶頸，選擇產品與市場有利方向，掌握營業平衡點，設定產銷目標爭取短時間轉虧為盈，工廠絕大多數幹部與員工純真勤奮，在新計劃的目標與希望帶領下，工作進行順利，風氣轉變。

依戶藉年齡到一九八七（民七十六）五月我已屆滿文官六十五歲退休年限。自一九七〇（民五十九）年我自軍中以「外職停役」到退除役官兵輔導會，受命創辦塑膠工廠，除中間辭職一段時間，先後任十三職等文官十四年，這段期間我停止受領退役軍官終身俸，在工廠按文官俸給支領待遇。一九八七（民七十六）年五月文官退休，方開始軍人終身俸的支領。

## 鄭為元將軍傾談兩事

我自輔導會文職退休不久，退除役官兵輔導委員會主任委員鄭為元將軍奉調國防部長，兩年多以後，一九八九（民七十八）年底，鄭將軍主動辭卸國防部長職務，我到鄭將軍設在中山北路的辦公室拜會，鄭將軍對我傾談以下兩事：其一、一九八八（民七十七）月十三日蔣經國總統逝世李登輝副總統接替總統職務，繼而進入新任總統大選，國民黨內部發生主流，非主流之爭，非主流有李煥、林洋港及參謀總長郝伯村，時鄭為元將軍任李登輝政府國防部長，國民黨中央全會前一日，郝總長在軍中正召集會議，鄭為元將軍親自到訪，單獨向郝總長表示說：「這次黨的會議，中央黨部交我一張發言單，要我發言，發言單還在我口袋裡，但我不會發言。希望郝總長在黨的會議中，也不要發言」鄭說「中央黨部給發言單的還有辜振甫」。事後我了解鄭將軍郝院長與辜振甫均沒有發言。鄭為元將軍向我強調說：「他這樣做，主要是在黨的大會不希望軍中同時出現兩種不同的聲音」。這顯示鄭將軍對軍系大局念茲在茲所費的苦心，郝總長也能相互配合。

其二，一九九〇（民七十九）春李登輝將正式就選任總統職位，屆時內閣改組，鄭為元將軍卻於內閣改組前半年先主動請辭了國防部長。並促成郝伯村將軍接任國防部長，郝將軍係一九八一（民七十）年由陸軍總司令升任參謀總長，到一九八九（民七十八）年已是任職最久的參謀總長，一直沒有新的出路，鄭為元將軍向我說：「他提前辭國防部長職，主要係讓郝總長可以在內閣改組前，先為軍方保住國防部長位置。其時文人接國防部長呼聲很高，出人意料的係郝伯村將軍於李登輝總統內閣改組時，以現任國防部長代替李煥先生站上了行政院長位置。回想郝將軍能被派出任行政院長的機遇，或許原因甚多，但設非鄭為元將軍先自動提前辭卸國防部長，促成郝將軍接任，則後來郝由國防部長出任行政院長的事就不可能發生，因為由參謀總長直接調任行政院長的機會是完全不可能的。而郝將軍在行政院長任內，也確實有很高成就。我記得一九五〇（民三十九）在國防部第四廳任中校參謀時，郝伯村當時也曾短時間任第四廳上校副組長，同係第四廳廳長宋達將軍部屬。

## 創業福合工程塑膠公司（PEPCO）

塑膠原料區分為一般泛用塑膠，如PE、PP、PS、ABS、PVC五類。及工程塑膠，如NYLON，PC，PBT，PET，POM等。以泛用及工程塑膠為基材，因應工業上高功能，多功能，暨成本經濟需求所複合（COMPOUNDING）產生之塑膠複合材料（PLASTIC COMPOSITES），被廣泛應用於汽車、電子、資訊、建築及航太工業。泛用或工程塑膠之原料生產均為技術與資本密接工業。塑膠複合材料則需要專業技術，甚至達到藝術化程度，但不屬資本密接。福合工程塑膠公司即係以塑膠複合材料為經營主體。我從軍人退伍，文職退休，現在創業福合已是第三春，基於個人年歲局限，我將創業規模緊縮為中小企業，先僅以一條塑膠複合生產線為起點。並與陳祥坤和林雲騰共同研議選訂進口替代之汽車保險桿，儀表板所用EMPP（ELASTOMER MODIFIED PP）為創始產品，次一目標則為稀土材料磁性塑膠。投資計劃因屬新興材料科技中小型產業，順利得到國民黨中央投資公司及財務委員會鍾主任委員時益先生的贊同與支持，另承台灣笨乙烯公司王董事長紹堉先生協助，計由中央投資公司，中央租賃公司各投資百分三十，王董事長紹堉並介紹回國學人顧建德博士投資百分之二十，並參加經營，其他股東尚有第一磁性塑膠公司，安貿公司，個人小股東有USI林副總經理雲騰，研究部經理張炳耀，日本師橋洋和我自己，公司第一期實收資本台幣參千萬元，計劃總投資台幣五千五百萬元，除本金外其餘為交通銀行工業貸款。

福合創業進行順利，我一九八七（民七十六）五月底文職退休，同年十月中提出投資計劃，三個多月後，一九八八（民七十七）年二月五日舉行發起人會議，同日公司即行成立。台灣笨乙烯推薦徐槐生先生為董事長，我擔任總經理為CEO實際負責經營，顧建德博士為副總經理。接著選定台南仁德工業區開發五路為公司及廠址，繼進行機器採購，廠房建築共七個月，一九八八（民七十七）年八月即開工生產，向台灣汽車保險桿業東陽公司合格交貨，開始局部進口替代。

我們籌備工作能迅速確實，主要因素其一是對創業產品EMPP之品質規格資訊明確，選項精準。其次生產機器依據工程師芮嘉中提供的史丹福研究所TWIN SCREW EXTRUDER資訊，從國際機器名廠七家，就德國W&P及日本IKEGAI，選定IKEGAI，因其價格低交貨快速，同意配合我方時間要求將國內三菱電機八部相同訂單，抽調一部提前交貨。其三、我從歐洲ＥＰＤＭ工廠爭取到國際著名的荷蘭DSM ELASTOMERS 技術服務支援。因而我們在客戶產品品質掌控，與ＩＫＥＧＡＩ機器螺桿組合專家，及ＤＳＭ原材料配方專家，通力合作，試車迅速圓滿成功。不過因為國外進口產品競爭激烈，客戶又嚴守國內產品須比進口貨便宜二成的期望，所以產品售價雖經爭執，不如理想，產生經營壓力。

參加工廠籌備，試車的同仁，有顧建德、陳祥坤、凌皓華、陳德政、吳淑珍其中祥坤、淑珍係晚上來加班，所以我們經常是白天工作，晚上討論，在公司吃便當，但精神愉快士氣很高。我個人起初就住在台南仁德工業區公司內，後來倆女嘉敏，嘉玫來台南就讀高中，我們住在台南市東門路三段２５７號六樓，父女共同生活二年多，更添無比溫馨的親情享受。

汽車配件隨主車年年創新，配件材料也不斷要求更新，且每家車廠配件均有不同規格，因年份車型不同而極為多樣化。福合公司研發及生產部門與東陽研發生產部門合作極為融洽成功，可以說到了藝術化境界。我們為支援東陽AFTER MARKET 保險桿國際市場的競爭，更開發同規格而更經濟型複合材料（稱Ｋ５Ｂ）助益東陽AFTER MARKET歐美國際市場，所向無敵的競爭力。福合也成功地配合東陽塑膠保險桿自動化塗裝，更高材料規格要求的轉型，及汽車儀表板複合材料的生產。我們因汽車塑膠複合材料多方面，多角性開發，產銷成長快速，超越甚多複合材料同業，但我們所遭遇的售價與成本壓力仍然很大，獲益有限，我們這些無名英雄似的成就可以説壯了東陽，瘦了福合。

為擴大產銷市場，增加利潤，我們除汽車保險桿，儀表板複合材料。也曾積極開發電子零組件複合材料，而電子業零組件競爭更激烈，因客戶規模較小，客戶之間，同業之間花樣更多，市場不穩定，行銷績效始終未如理想。

磁性塑膠（PLASTIC MAGNETIC COMPOUND）係福合創業計畫目標產品之一，用於加工成型為電視等電子工業關鍵性零組件，但磁性塑膠從基礎原料，中間原料（FERRITE POWDER AND PLASTIC MAGNET）再成型加工，向家電製造業推廣採用，在日本均為系列製作群掌握控制，我也曾經與日本東京商事及川崎製鐵爭取合作均未獲得突破性結果。嗣後公司根據既有一些資訊與人力機力，也曾增聘研究所碩士級工程師，進行自力研發，提請公司股東台灣第一磁性塑膠試用，惟第一磁性塑膠係中日合作公司，技術由日方掌握，磁性塑膠材料向由日本進口，對我方不成熟的製品反應冷淡，自力研究開發也卒無成就。

為促進台灣塑膠複合材料工業，合作與發展，我發起成立「台灣區工程塑膠複合材料工業聯誼協會」，當時十二家廠商由負責人或代表人參加，如福聚（蘇義賢廠長代表）、鈺泰（蔡傅宗董事長），同發（陳敬義董事長）、敦品（孫國青總經理）、盛聚（陳美川董事長）、新光合纖（候經理玳梁），長春人造樹脂（張長和主任），福合（張華珩董事長）工業技術院化工所（李茂松組長、我負責聯誼會會務，曾多次向經濟部，財政部表達團體意見獲得回響，也曾帶大家到中山科學院等學術研究團體聯合參訪。

大陸開放後，我於一九九二（民八十一）年七月作首次大陸探訪，先到南京經好友德國BASF南京樹脂公司負責人MR HENNLICH安排住南京東郊賓館，參訪南京金陵石化公司、金陵在大陸全國石化公司中，歷史最久規模甚大，但沒有工程塑膠複合材料相關產業可望合作，兩位負責業務與技術之副總經理熱心接待，且均為揚州同鄉，我談起父母祖墳因係在揚州國家風景區範圍之內，已不復存在，兩位副總經理說我們自己祖墳也都不存在了。我下一站係浙江蕭山訪問一家複合材料公司，承中鼎公司朱德熙協理轉介北京中國汽車工業發展中心特派一位工程師張寧小姐由北京專程來蕭山作陪，訪問結果感覺在規模與理念上均有距離、不夠合作的成熟條件。

後來我回到台灣，也曾與北京汽車發展中心保持聯繫。對方有意另推動大規模合作計劃，要求福合提供更詳細背景資料，祇因當時李登輝總統兼中國國民黨主席，對大陸經濟合作政策，強烈宣示「戒急用忍」，福合係國民黨中央投資公司投資關係企業，感受政策約束惜未做進一步積極作為。

一九九四（民八十三）年四月，福合內部改組，我接任董事長，兼總經理職務，仍為CEO負實際經營責任。

## 江澤民八項主張之文化含義

一九九五（民八十四）年一月三十日中共主席江澤民發表「關於發展兩岸關係，推進祖國和平統一進程的八項主張」（台灣簡稱江八點）。我特別注意到江澤民先生主動將文化交流列為八項主張的第三點，中共傳統上係唯物史觀，主張共產主義階級鬥爭獨裁專制，一向反對中國固有文化，文化大革命造成中華文化幾乎斷層，而我們則認為人類發展的基礎是文化，政治是一時的，文化是永遠的，文化的力量是無窮的，絲絲縷縷永切不斷。江澤民主動能將文化交流列為兩岸和平統一的要項是須要很高睿智具備深厚學養，面對大陸左派潛勢力，更須要很高膽識與決心，本此觀點，我確認江澤民先生對兩岸和平統一寓意的真誠與遠見。我個人從他形象與智慧中也看到我中學國文老師和級任導師也是對江澤民親炙教誨的叔父江上青先生文化傳承的影子，我對兩岸和平發展，和平統一因而份外提升了希望與信心。

在兩岸關係發展中，文化原是台灣方面的軟實力，當一九九五江澤民主動倡導兩岸文化交流時，不幸國民黨為李登輝竊據十多年，他隱然於心的是台灣獨立，去中國化，接著民進黨陳水扁當選總統，八年任期，去中國化益加公開積極。更可惜的是二〇〇八年國民黨重掌政權，馬英九總統兼國民黨主席，一心以二〇一二競選連任為重，對清除「去中國化」，並不積極，對把握中華文化軟實力，加強兩岸文化交流，仍甚少著力，不免辜負了十七年前江澤民對兩岸關係八點主張大膽倡導文化交流的一番苦心。唯有寄望國民黨和自由中國文化人，對「立足台灣、胸懷大陸，放眼世界」能後繼有人，將我們所有文化軟實力，結合現代科學人文思維，創新發展急起直追，及時煥發兩岸文化潛力，共創新中國的新文明時代，也就是和平統一時代。

中國大陸一九二〇至一九三〇年代出生的文化人，於大陸土地上，對保存中華文化的表現也有非常感人與成功的事例，如一些大學中文系老教授，在不斷反右鬥爭和文化大革命時期，他們在飢寒苦澀、空虛絕望的牛棚生活環境下，靠偷偷苦讀那些被列為大逆不道的中國文學書籍用以自慰。他們儘能用記憶來勤耕不輟，繼續做學問，絕不敢著墨一字，怕一旦發現，作為被鬥爭證據，他們靠一片赤子之心，守住了中國文化傳統，守住了國家文化的根。有幸在他們晚來底有生之年，終於得到解放，從全國各地爆發出燦爛無比底火花。最突出的事例，莫如他們有機會結合大陸二十一世紀新世代電影文化人，共同創造了一些劃世代電影鉅著，像紅樓夢，三國演義影片，轟動全球華人世界，印證中國傳統文化堅韌不拔的生命力。而這兩部鉅片總導演王扶林先生且是揚州市瓜州出生後起之秀。

## 北京國務院發展研究中心經濟討論會

一九九六（民八十五）四月中國大陸國務院發展研究中心與美國商業週刊（US BUSINES WEEK MAGAZINE）聯合舉辦中國經濟發展研討會，我受美國商業週刊之邀，參加研討會，我為台灣唯一出席人，四月十六日在人民大會堂晚宴，美國前國務卿季辛吉，應邀發表演説，演講完畢，來賓發問時間，當時我很衝動地想提出兩岸問題，可我又自慚英語辯對程度不夠，終未起立發問。這次研討會，有美國及其他幾位駐華大使和歐美大企業如福斯汽車董事長等人之專題報告後，江澤民主席選擇性接見幾位來賓，我未在受邀接見之列。十七日中午散會後，我匆匆遊覽了北京幾個景點即搭機返台。

美國商業周刊一九九四（民八十三）十月也曾與我經濟部合作，在台灣舉辦經濟論壇，李登輝總統，經建會蕭萬長主委出席致詞，會議主講人美國管理科學專家杜拉克博士，我曾報名參加，當時會議重點之一，涉及亞洲國家私人企業傳承問題，若干年後，台灣大企業陸續發生這方面問題。

一九九四年承中鼎朱德熙協理推介，香港聯合國際工業公司化工部陳大雄總經理，於參訪福合公司後，極有意與我們合作，在中國大陸發展工程塑膠複合材料事業。聯合國際工業認為本身政商關係在中國東北吉林，希望我們合作在吉林複製一座福合，供應當地汽車工業。但我盼望是在大陸長江三角洲作為首先開發基地，對氣候嚴寒的東北吉林感覺人力準備不足，合作計劃遂告擱置。

## 福合改組

一九九六（民八十五）年中，福合公司作結構性改組，國民黨營中央投資公司及台灣笨乙烯公司，將股權轉讓華興麗華所屬敦品公司，同時邀請汽車保險桿，儀表板專業之東陽實業廠股份有限公司投資合作，我繼續擔任改組後公司董事長，敦品董事長焦佑衡先生，總經理孫國青先生，及東陽總經理（CEO）吳永茂先生，副總經理陳祥坤先生任董事。敦品選派蔡三弘為福合總經理。福合增資擴廠，增加一條生產線，該新生產線主機，為配合產線時效，是由敦品購自德國約一年時間，原價轉移，按裝後發現生產不順，機器操作，保養手冊等資料移交亦不完整，敦品能提供之售後服務也很有限。又福合這次改組，主要原係擺脫國民黨李登輝主席對中國大陸戒急用忍之政策約束，但改組以後，華興因自己在上海已設有塑膠複合材料公司，經營未順，無意依約支持福合對大陸的發展，氣度不足。

一九九七（民八十六）年，我因屆齡七十三歲，自稔超過一般七〇歲董事長退休年齡已有三年，辭去董事長職務，離開台南，遷回台北。福合自創業至今計九年半時間，在業界聲譽鵲起，但股東末有獲利，深感愧對。繼而東陽也退出福合。最後福合與敦品由華興一併轉讓在台灣的美國DOW CHEMICAL。

## 子女成長，希望傳承

故總統蔣公（中正）說：「生命的意義在繼續宇宙的生命。」我對子女教養最大安慰是他們均非常純正。長子嘉政一九六二（民五十一）年出生，國防理工學院應數系，國防管理學院資源管理研究所碩士，服務於聯勤兵工生產署和二〇五，二〇二兵工廠，在二〇二廠任所長時，陳水扁總統人事黑手伸入軍中，他以中校請退，繼先後在大同電子，精英電子大陸工廠任品保處長，後因父母年長，三個兒女年幼須親自教養回台灣在廣達總公司，及其所屬台灣子公司服務。其長女文枋（FENNIE）一九九五（民八十六）一月七日出生，二〇一二（民一〇一）年達人女中初中畢業升學大華高中。二〇〇〇（民八十九）年三月三十日雙胞兄妹長男文梵（FRANK），次女文楚（JULIE）出生，二〇一二（民一〇一）年南港東新國小畢業，文梵升學大華初中，文楚升學仁愛國中。我長女嘉敏（JOCELYN）一九七四（民六十三）六月八日出生，次女嘉玫

（AMY）一九七五（民六十四）年四月十八日出生，倆女均美國南卡羅來那州立大學畢業，嘉敏大學畢業後回台灣，先在台灣BASF服務，後赴德國讀研究所獲工業工程碩士，再回BASF上海總公司財務部門任經理。次女嘉玫美國南卡州立大學畢業後到加州矽谷，經過卅天緊張的待業期，得於SOLECTRON電子公司獲得工作，繼於大學研究所半工半讀，獲電腦科學碩士，並轉入矽谷NVIDIA電腦公司任資深電腦分析師。嘉玫與在矽谷思科（CISCO）任主任工程師的康曉祥（SHAWN S. KANG）結婚，二〇一〇年十一月十九日生長女沛槿（KHLOE）。環顧這些子女們均勤懇誠善而悅樂地奔向他們的希望。二〇〇六、二〇〇八年我並曾先後偕同嘉政、嘉敏、嘉玫和孫兒女文枋、文梵、文楚回揚州故鄉，達成他們的尋根之旅，也了卻我的一番心願。

# 陸、和平發展　一個中國

我自幼因抗日戰爭遠離家鄉，為流亡學生，受國家培養，及長，投筆從戎，畢生獻身國家，自稔個人命運與國家命運是結合一體的，因此我將「和平發展，統一中國」，命運共同體的認知，作為個人回憶錄的一章，以為歷史註腳。

一、基本認知：

（一）「一個中國，統一的民主中國」。中國必須是自由，民主，法治，和民生經濟的國家，這也是當今文明世界所認同的普世價值觀念，

（二）聯合國與美國總統早期為解決中國會籍問題，曾多次提出兩個中國，或一中一台的主張與建議，均為蔣（中正）總統所堅決否定。一九六八（民五十七）年七月六日蔣

（中正）總統於晚年接見日本新聞編輯訪問團時，仍重申堅決反對兩個中國。

（三）中共於一九四九（民三十八）年在大陸獲得軍事勝利，曾狂呼「火燒重慶，血洗台灣」。繼發動對金門登陸攻勢。金門作戰失敗後，毛澤東主席曾說：「……在大陸蔣介石（蔣中正總統字介石）輸了，我們贏了。在台灣我們輸了，蔣介石贏了。……但是我們同蔣介石還有兩個共同點，第一、中國要獨立，第二、中國要統一，這個統一就不能不是長期的了。」

（四）一九七二（民六十一）年中共毛澤東主席與美國尼克森總統簽訂上海公報，宣稱：「兩岸中國人都說，只有一個中國，並說他們自己代表中國，美國對此不表異議，雙方（指中共與美國）並承諾海峽兩岸問題，必須和平解決。

（五）兩岸和平統一並沒有一定模式，全憑兩岸政府與人民智慧與耐心。一九九二年兩岸達成了一個中國，各自表述的九二共識。接著「兩岸經濟合作協議（ECFA）」簽訂，大陸係以經濟利益促進一個中國的政略利益，並換取亞洲太平洋地區戰略利益。台灣則係以大陸腹地，發展台灣經濟，並穩定兩岸的和平共存。這方面兩岸後起領導人連戰、馬英九和江澤民、胡錦濤的果斷與決心貢獻很大。

（六）二十世紀九〇年代，中共元老汪道涵先生倡議：「要超越中華人民共和國與中華民國的國號，改用中國替代。」曾贏得全世界華人的掌聲。又中國共產黨一九二二年第二次全國代表大會，對共產黨任務與目標，曾主張「用自由聯邦制統一中國本部，蒙古、西藏、回疆建立中華聯邦共和國」。

（七）台灣同胞在政治體制上，久已習慣自由、民主、法治的生活，對大陸現行專制政治體制有極大的疏離抗拒心態，希望大陸能澈底先自我調適，再談統一。而中共所謂「一國兩制」其中仍有中央專權之虞，亦不適用兩岸。

（八）中華民國在台灣面積雖小，人口二千三百萬，但在歷史、文化、經濟、政治、國際關係和戰略價值上，有其一定實力與地位，台灣的自由民主，也正是大陸未來政制改革樣板。於今應秉持「立足台灣、胸懷大陸、放眼世界」的開闊胸襟，以一個中國，各自表述的九二共識為基礎，權且互不承認主權也互不否認治權，努力求同存異擱置爭議積極強化經濟文化交流，共同追求兩岸和平發展。

二、對大陸方面的認知：

（一）二〇一二（民一〇一）年十一月八日中共胡錦濤總書記依習近平起草的十八大政治報告提出，「希望兩岸共同努力，探討國家尚未統一特殊情況下的兩岸政治關係，作合情合理安排。」（按此有雙方互不否認治權含義）。又「兩岸應商談建立軍事安全互信機制，穩定台灣局勢，協商達成兩岸和平協議。」（按意指兩岸望由先經後政，進入政經併行。而台灣方面目前尚有窒礙）又「實現和平統一，首先要確保兩岸關係和平發展，鞏固深化兩岸關係和平發展的政治、經濟、文化社會基礎。」「兩岸應共同反對台獨堅持九二共識。對台灣任何政黨只要不主張台獨，認同一個中國，大陸都願同他們交往、對話、合作。」「大陸和台灣雖然尚未統一，但兩岸同屬一個中國的事實從未改變，國家領土和主權從未分割，也不容分割，中國人民絕不允許任何人，任何勢力，以任何方式把台灣從祖國分割出去。台獨分裂行動，必然走向澈底失敗。」

（二）中共前國務總理趙紫揚曾說：「解放前，中共沒有一人是為一黨專政而參加革命的。」中共「建國大業」影片說：「中共建政主要是反對一黨專政」。國務總理溫家寶於二〇一〇年九月聯合國大會宣稱「中國在深化經濟改革的同時，也要推進與搞好政治制度改革。」又於中共十七大報告，曾堅定明確提出「擴大社會主義民主」，「建設社會主義法治國家」「發展社會主義政治文明」但至今大陸的民主、法治、社會文明建設，仍迫切期待大陸新一代思想家，改革家，政治家繼起努力，且你們的努力也必將受到兩岸及海外僑胞廣大熱烈支援。

（三）中國大陸卅年改革開放，經濟崛起，人民生活水平改善，國際地位提升，但公民貧富差距，言論自由、民主人權，仍相當嚴重。不過由於東西文化交流，大量國外留學生回歸，朝野充滿民主改革期望。中國科學院近年在卅三所大學歷史系學生中進行一項內部調查，百分之九十四承認受到西方文化影響，百分之五十認同美國文化概念，百分之六十一認同自由主義。另一對北京最優秀五所高校調查，百分之七十五的人喜歡或比較喜歡三權分立政治模式。大陸新生代已跳脫前人僅因意識形態之迷信，而養成的理想主義，開始轉向理性的懷疑批判的科學精神的思考模式，對自由民主法治新中國之塑造，形成洶湧澎湃，不可逆轉的動力。

（四）二〇〇五（民八十四）年三月十四日中共制定「反分裂國家法」、為一部主要對台灣海峽兩岸關係的法律，引導兩岸在一個中國原則下，交流合作，和平統一，同時也明訂中國大陸可使用非和平方式達到統一的三種情況：「使台灣從中國分裂形成事實。將發生可能導致台灣從中國分裂的重大事變。和平統一的可能性完全喪失。」盱衡當時大陸內部極左派潛勢力，我覺得胡錦濤主席提出反分裂法立法，固然係對台灣顯示和平統一的誠意，與反對台灣獨立的決心。另一方面，中共對外統戰一向反反覆覆，且常常夾雜政治鬥爭，一不小心，就會被扣右派走資媚敵帽子。反分裂法正式立法，可以為內部主張走和平統一路線，寬鬆經濟、文化合作條件與政策措施，預先立下了免予萬一被清算鬥爭所作法律保障。

（五）二〇一〇年中共人大委員長吳邦國公開提出六個不搞：「不搞多黨輪流執政，不搞指導思想多元化，不搞三權鼎立和兩院制，不搞聯邦制，不搞私有化。」有人責問六個不搞究竟是何道理？並提醒集權專制，看起來很強大，實際上十分虛弱。蘇聯共產政權之崩解，實為前車之鑑。一九五六（民四十五）年四月毛澤東在論十大關係講話中，也曾熱烈讚揚資本主義的生命力。「為什麼還有活力，就是因為有多黨制，有在朝黨和在野黨，你們不行我來，我不行，你來，在野的罵在朝的，就是活力」。「資本主義也有好的地方，就是互相抑制，互相監督的作用。」二〇〇七年三月十六日溫家寶總理在人大會議記者會答問時說：「民主、法治、自由、人權、平等、博愛，不是資本主義所特有的，是整個世界在歷史過程中，共同形成的文明成果，也是人類共同追求的價值觀」。（不過中共電視直播新聞有這段話，而新華社通稿則未出現。）

（六）二〇一二年十一月中共十八大報告，習近平為起草組長，由胡錦濤在大會宣讀，先後任總書記契合對接。報告說：「走中國特色社會主義政治發展道路，和推進政治體制改革。」「既不走封閉僵化老路，也不走改旗易幟的邪路。」具體方向包括：「保證人民通過人大行使國家權力，加強人大立法權，監督權。政治協商制度化。完善基層民主制度。依法治國，不允許任何組織和個人凌駕於法律之上。行政體制改革。建立權力運行制約和監督體系。發展最廣泛的愛國統一戰線。」按中共自十六大開始，經江澤民、胡錦濤，各五年一任，連任一次，十年和平交棒，實已奠立了民主方向的制度基礎。十八大報告如能落實，更係中共走向自由民主民生經濟的一大步，遺憾的是尚沒有提到言論自由的開放。

（七）香港回歸以來，可以說是中國一個文化特區，新聞自由、出版自由，言論自由，至今並沒有造成社會混亂不安，相反的，香港因此保持了既有的社會活力和文化動力。大陸可引為借鑑，大膽地開放言論自由、新聞自由和出版自由。這也是爭取國際尊崇，政治地位的必要條件。

三、台灣方面認知：

（一）一九一〇（民一）年中國國民黨領導中國人民推翻滿清帝制，建立中華民國，至今立國已超過一百年。抗日戰爭勝利後，國共之爭乃係國內自由民主與反自由民主內戰。中華民國現在台灣仍依中華民國憲法自由民主精神持續運作。中華民國憲法係「一個中國」架構，根據憲法增修條文（第十一條）及「兩岸人民關係條例」在國家統一前，台灣（自由）地區，與大陸地區人民權利義務，以法律為特別規定。（中華民國憲法一九四七年制訂，當時國共沒有分裂，國家係統一的。）

（二）一九八八（民七七）年蔣經國總統逝世，李登輝在歷史機遇中繼任總統，起初在宋楚瑜策動下尚依循國民黨既定路線，頒佈了「國家統一綱領」成立「國家統一委員會」。迨政權穩定，乃逐步顯露「岩里政男」（李登輝日本本名）台獨與日本皇民真面目，致力台獨與中華民國虛位化，對大陸經濟合作，堅持「戒急用忍」、倡議「兩國論」、「釣魚台是日本領土」，更不惜出手破壞國民黨內部組織力量，與財務基礎。並暗助民進黨陳水扁競選總統，推翻國民黨政權成功。二〇〇八（民八十九）年陳水扁接任總統後，更竭力推行「去中國化」，停止國家統一綱領與統一委員會活動。嗣國民黨馬英九接任總統，因重視個人四年後連任選票，不惜與台獨民粹妥協，對七七抗戰勝利，台灣光復節慶祝，尚不及二二八紀念重視。歲月變遷，使台灣後起民眾，單純認同自己是台灣人的比例，由百分之十七升高到百分之四十二，中華民國在台灣原有的豐富軟實力不再展現，民眾對國家認同也大有差異，於今如何讓新一代台灣同胞普遍恢復對中華民國的認識。成為極嚴肅重要課題。

（三）兩岸經濟合作協議（ＥＣＦＡ）提高了台灣經濟成長率，增加就業機會。中國大陸成為台灣第一大出口地區，第二大進口地區，為台灣貿易出超第一地區，更有可能成為歐美日本外商，進入大陸市場首要合作夥伴及門戶，「CHIAWAN」名詞興起。台灣應無懼對大陸一時的經濟依賴，要有勇有謀，善用此一優勢與時機，走入大陸，也能走進世界，更與大陸合作，共同走向全球開發國家的行列。

（四）台灣的民進黨，從早期一個民主形象政黨愈來愈缺乏理性和文化素養。二〇一二年總統大選使他們醒悟所謂「一邊一國」「兩國論」「台灣前途決議文」「基本教義派台獨模式」這些一廂情願的兩岸思維與政策已無法再獲多數台灣選民認同，也難以再藉統獨問題，挑起更大族群對立。然而民進黨八年執政，既如此腐敗，二〇一二年大選民進黨蔡英文為何尚能獲得百分之四十選票，包括不少二十至三十歲青年選票？主要仍係李登輝、陳水扁長達近二十年所累積「去中國化」影響。國民黨馬英九總統重新執政這四年，對反制去中國化論述與作為，被動，畏縮，遲鈍，為顧忌連任選票，不敢正面闡述台灣無獨立條件，以台獨破壞兩岸關係，會使人民面臨嚴重災難。及中華民國在台灣對大陸關係乃反專制，反民主的政爭，追求的係自由、民主、民生經濟一個統一的新中國。台灣青年要有「立足台灣，胸懷大陸，放眼世界」胸襟。中國國民黨面對中共尤不可自貶為一個僅係台灣地區地方選舉的政黨。國民黨要運用執政的機遇，培育人才，運用智庫，主動激發民氣，引導民意，以先知覺後知，永遠作為新一代中國知識青年的代表，主動推出理想中國前景，知行合一，永續中華文化與自由民主新中國命運。

（五）兩岸關係和平發展互惠互利，但戰略上，我軍事裝備仍未可懈怠，大陸軍事演習，尚多以台灣為假想敵。大陸對台飛彈佈署，短程及巡弋飛彈一千四百多枚，中程飛彈一百六十枚，雖然這些佈署已非完全針對台灣，也著眼西太平洋所謂第一島鍊封鎖線。台灣對大陸飛彈防禦能力，與第一擊報復能力概略為：

長程預警雷達，對大陸三千公里內所發射之各型及巡弋飛彈之預警可完全掌控。

愛國者三型反飛彈系統攔擊。

台灣與美國合作，在台構建之先進長程須警雷達「鋪爪系統」，可對大陸如四川、青海，新疆與長程彈道飛彈基地進行偵蒐，即時提供攔截情資。

台灣如遭受大陸飛彈襲擊，第一擊報復能力雄2E巡弋飛彈，射程涵蓋大陸沿海各軍事設施，中程彈道飛彈射程達一千公里。台灣對大陸如有武力犯台的不對稱戰爭，也有對應策略，和戰備整備。

（六）台灣本身民主機制，與西方文明普世價值觀念相比，仍有很多缺點，亟須改進，包括「民粹主義問題」「民代廉能操守問題」，「國會議事風格問題」等。台灣的自由民主係促使大陸自由民主化力量之一，也係台灣不為美國和自由世界國家所邊緣化的基礎條件。

四、有關美國方面認知

（一）一九七二（民六十一）年二月美國總統尼克森訪華（北京），打開了紅色中國大門，並與中共簽署中美關係新架構的「上海公報」，其中有關台灣部份之條文：「美國認知（Acknowledge），在台灣海峽兩邊的所有中國人，都認為只有一個中國，並說自己代表中國。台灣是中國一部份，美國政府對這一立場，不提出異議。它重申對由中國人自己和平解決台灣問題的關心。」一九七八（民六十七）年美國總統卡特與中共鄧小平主席會談建交時，美國承諾不出售攻擊性武器給台灣。中共保證不武力解決台灣問題，建立了美國與中共關係正常化的基礎。一九七九（民六十八）年美國與中共建交的同時，美國政府正式訂立了「台灣關係法」、明白規定「美國政府應給予台灣統治當局如其他主權國家同等待遇」「我們（指美國）支持一個中國政策，但統一如何以和平方式達成，要靠雙方進行兩岸對話，如果中國（指中共）企圖以武力，而非對話來達成，美國將提供軍事物資，使它（指中共）無法成功」。至今歷時四十年（一九七二～二〇一二）年，美國歷任總統，均堅守台灣關係法與中（共）美聯合公報處理台灣海峽兩岸事務。一個中國政策，和平解決兩岸問題。

（二）中國大陸經濟崛起，GDP超過日本，成為亞洲第一，世界第二，經濟貿易全球化，使中共與世界貿易往來日益密切。中國大陸與美國兩大經濟關係緊密，未來雙方，摩擦雖不可免，且尚有相互信任問題，但雙方均會節制，力避零和游戲，「敵對」並不符合兩國本身國家利益，建設性合作更為有利，也有利國際和平安全，與全球經濟發展。二〇〇九美國總統奧巴馬訪華，將中美關係定位為「積極合作全面關係」。二〇一一中共胡錦濤主席訪美，使雙方更增進為「相互尊重、互利共贏的合作夥伴關係」當時中美聯合聲明：「美方重申歡迎一個強大繁榮，成功，在國際事務中，發揮更大作用的中國。也就是說美國的政策，不是要遏止中國的崛起。」

（三）美國當然也密切注意中共軍力的成長，包括：核武、遠洋海軍、航太與網絡戰力，以及台海衝突可能武力介入的預防。因此政略上，對應中共係以維護和平、降低戰爭風險為重點。戰略上，則係以中共為對手。二〇一二年已開始大西洋與太平洋兩岸戰略轉移佈署，太平洋的航空母艦增加，巡洋艦，驅逐艦和潛艇也將佔美海軍總兵力半數以上，建構從日本經琉球群島西域，台海東域菲律賓北西域，南沙群島，到越南，面向中國大陸之太平洋第一島鏈封鎖線。為防範中共軍事遠洋化，美日導彈防禦系統，已推進到東海沖繩島嶼地域。日本方面，海上有神盾艦：霧島號、鳥海號、妙高號。陸上有佈署沖繩本島愛國者三型（PAC3）地對空攔截導彈群。但戰略服從政略，所以美國防部長帕內塔在二〇一二年春於新加坡舉行的亞洲安全會議，多次強調「美國戰略重心轉向亞洲，並不是為了遏制中國」「中美雙方均承認中美兩國關係是世界上最重要關係之一」，「中美在亞太發展完全可以兼容」「美國不會在南海領土糾結中選邊站」。美國務卿希拉里也公開澄清「美國在南海的利益、是航行自由，維持地區和平與穩定，尊重國際法。」事實上，美國也知道，想在亞洲，縱然有日本、韓國、菲律賓、印度、越南聯手，也不容易擊敗中國，無法遏制中共成為世界第二。相對的，中美關係，南海問題，釣魚台問題，也正考驗著中共和平崛起與折衝國際政治的智慧。二〇一二年二月十三日中共習近平副主席訪美，也強調「中美合作夥伴關係」「中方堅定不移走和平發展道路」「希望美國也能客觀理性看待中國，互尊互信，互利共贏」。

（四）中華民國與美國，從二次世界大戰至今、雙方保有深厚的歷史淵源與情感道義。抗日戰爭的勝利，台海的安定，台灣早期經濟建設，均得力美國無償的軍經援助。國軍武器裝備飛彈，艦艇為美國軍援贈予。台灣橫貫公路係美國經援與我國退伍軍人合作建設成果。二十世紀四〇年代台灣很多學童所穿內褲，係美援麵粉袋所縫製。今天台灣最大的台塑集團，係王永慶先生從美援計畫扶植的台灣ＰＶＣ塑膠公司起家。正如我外交部長楊進添二〇一二年三月八日所說：「我們深切了解到台美關係的重要性，涵蓋國防，安全合作，科技參與，國際組織、經濟貿易等各層面。全世界這麼多國家很少像美國這樣，能夠對台灣中華民國提供如此實質有利的支持，國人必須了解。」但中華民國在台灣與美國的合作關係也不能祇是一廂情願，美國對外關係當然係以美國國家利益為重，台灣在所謂太平洋第一島鏈有重要價值。台灣的自由民主與經濟，文化活力，係我們不為美國和自由世界所邊緣化的基本條件。然而美國是否有朝一日，會因換取某些特定利益，而不得不遷就中共，降低對台灣利益考量的份量，二十一世紀美國政壇已少見十九、二十年代高尚情操的政治家。因此台灣對美國、中共、台灣三角關係的近遠程發展要有警覺、有智慧找出一條自己可以主動的理想道路。

## 五、結論

（一）二十一世紀係中國人的世紀。中國要統一，統一的基礎是自由，民主，法治，和民生經濟的普世價值。統一是長期的和平的工作，兩岸要超越「中華民國」和「中華人民共和國」而以一個自由民主法治和民生經濟的「中國」替代。

（二）中國大陸目前雖然尚有「集權專制、左傾勢力」潛在，但自由民主思潮，早已蓬勃興起，知識精英，包括回國學人均傾向政改。開放的教育文化，經濟，旅行交流，擋不住一代接一代人心趨向。相信不出卅年，一個自由民主體制的中國必將實現，這也創造了兩岸一個中國的統一條件與環境。

（三）國共之爭原是「自由民主」與「反自由民主，獨裁專制」的鬥爭。當兩岸均歸於民主體制，國家自然復歸統一。台灣多數人觀點「統一不是不可以談，首先要民主化，否則用什麼來統一？」台灣同胞與祖先，均係來自大陸的中華民族，歷史、血統、語言、風俗、文化是兩岸中國人的凝聚因子，精神紐帶。經李登輝、陳水扁總統近二十年去中國化誤導，台灣同胞加深「立足台灣，胸懷大陸、放眼世界」的認識與胸襟。兩岸問題的和平發展是遠程工作，過渡期間「九二共識」「兩岸經濟合作協議（ECFA）」「文化交流」均是中國人共同智慧的卓越表現」。

（四）世界強權沒有人敢衝動地毀掉二十一世紀的世界和平、中（共）美均不具挑釁對方優勢。在主觀上雙方均沒有武力對決的意思。大陸經濟規模和軍事武力於二〇一二年尚落後美國約二十年，雙方會宏觀大局，繼續尋求合作，共創雙贏。美國已不再可能單獨操控國際問題，但少了美國，任何國際問題也不易解決。又英國經濟學家曾嘲諷說：「卅年前大家相信唯有資本主義能救中國，卅年後，變成惟有中國能幫助資本主義。」

（五）政治是短暫的，血統文化是永久的，兩岸同胞持續的文化交流融合，雖三十～五十年終會構成命運共同體，一個自由、民主、法治和民生經濟的統一的「中國」自然水到渠成。相信這也是全世界中國人所要奔向的目標與希望。

左上：1939年，為抗日流亡學生，因母喪返鄉探親，父親為我添置學生裝與球鞋，重返抗日征途。
右上：1958年，陸軍指揮參謀大學就學，深造教育。
左下：1969年，奉總統蔣公（中正）核定晉升陸軍少將，國防部長蔣經國授階。
右上：軍職外調創業輔導會，塑膠工廠及福合工程塑膠公司，歷任廠長、總經理、董事長。

1968年，任聯勤國外物資處長，接收美國軍援空軍F5戰機。

上：1969年，253輛美援戰車接收
下：陸軍火砲接收

陸海空軍褒狀

國防部第四廳第六組上校副組長張華珩因策劃建立及推行國軍新預財制度有功今依陸海空軍獎勵條例之規定給與陸海空軍褒狀以示獎勵

總統 蔣中正

行政院院長 俞鴻鈞

大維

中華民國 日

號

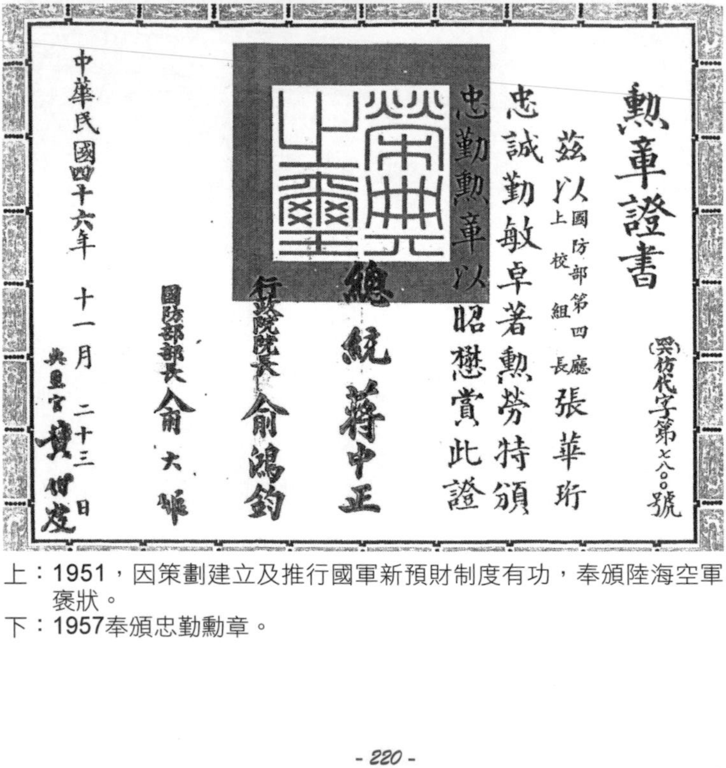
勳章證書

仿代字第七八〇〇號

茲以國防部第四廳上校組長張華珩忠誠勤敏卓著勳勞特頒忠勤勳章以昭懋賞此證

總統 蔣中正

行政院院長 俞鴻鈞

國防部部長 俞大維

典璽官 黃伯度

中華民國四十六年十一月二十三日

上：1951，因策劃建立及推行國軍新預財制度有功，奉頒陸海空軍褒狀。

下：1957奉頒忠勤勳章。

總統府用牋

華珩同志：久欽
碩望，時切馳思。敬維
履祉咸吉，潭第康寧，為頌。值此國家
全面創新之際，至盼為國珍重，共同為
完成跨世紀的國家建設而努力。耑此
順頌
吉康

李登輝
八十八年六月

中華民國總統　馬英九
President Ma Ying-jeou

華珩將軍勛鑒：

欣逢　壽辰，特此申賀，誠祈　諸事迪吉，潭第康寧。

五年多來，英九身受國人付託治國重任，片刻未敢稍懈，雖積極改善兩岸關係，營造臺海和平環境，但始終堅定捍衛國家主權，鞏固國防安全。而國軍保國衛土，拯民救災，展現至高無上之武德，實乃延續自軍種退、現役將領「智、信、仁、勇、嚴」之優良傳承，曷勝感佩。今後誠盼　續予支持鼓勵，共同建設家園，振興中華。耑此

並頌

勛綏

馬英九 敬啟

102年5月

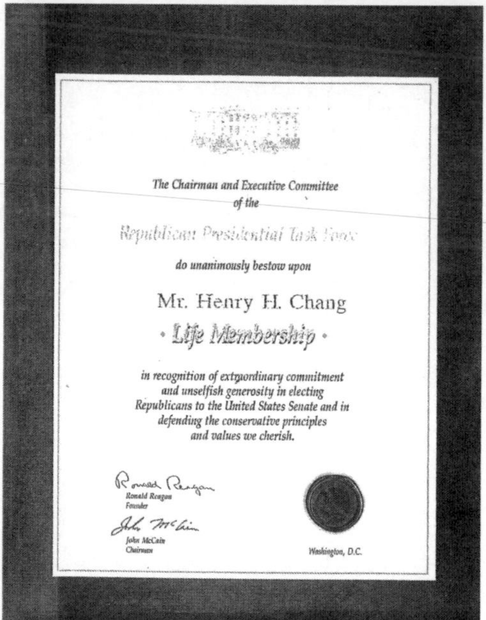

The Chairman and Executive Committee
of the
Republican Presidential Task Force
do unanimously bestow upon
Mr. Henry H. Chang
· Life Membership ·
in recognition of extraordinary commitment
and unselfish generosity in electing
Republicans to the United States Senate and in
defending the conservative principles
and values we cherish.

Ronald Reagan
Founder

John McCain
Chairman

Washington, D.C.

旅美期間膺選美國共和黨總統選委會之基本會員，雷根總統致證書。

家人留影

釀時代04　PC0390

# 奔向希望：
## 參與抗戰與建軍復國之路


| | |
|---|---|
| 作　　者 | 張華珩 |
| 責任編輯 | 林千惠 |
| 圖文排版 | 詹凱倫、楊家齊 |
| 封面設計 | 秦禎翊 |

| | |
|---|---|
| 出版策劃 | 釀出版 |
| 製作發行 | 秀威資訊科技股份有限公司<br>114 台北市內湖區瑞光路76巷65號1樓<br>電話：+886-2-2796-3638　傳真：+886-2-2796-1377<br>服務信箱：service@showwe.com.tw<br>http://www.showwe.com.tw |
| 郵政劃撥 | 19563868　戶名：秀威資訊科技股份有限公司 |
| 展售門市 | 國家書店【松江門市】<br>104 台北市中山區松江路209號1樓<br>電話：+886-2-2518-0207　傳真：+886-2-2518-0778 |
| 網路訂購 | 秀威網路書店：http://www.bodbooks.com.tw<br>國家網路書店：http://www.govbooks.com.tw |
| 法律顧問 | 毛國樑　律師 |
| 總 經 銷 | 聯合發行股份有限公司<br>231新北市新店區寶橋路235巷6弄6號4F<br>電話：+886-2-2917-8022　傳真：+886-2-2915-6275 |

| | |
|---|---|
| 出版日期 | 2014年5月　BOD一版 |
| 定　　價 | 280元 |

國家圖書館出版品預行編目

奔向希望：參與抗戰與建軍復國之路 / 張華珩著. -- 一版.
-- 臺北市：釀出版, 2014.05
面； 公分
BOD版
ISBN 978-986-5696-09-2 (平裝)

1. 張華珩 2. 回憶錄

783.3886 103005966

# 讀者回函卡

感謝您購買本書，為提升服務品質，請填妥以下資料，將讀者回函卡直接寄回或傳真本公司，收到您的寶貴意見後，我們會收藏記錄及檢討，謝謝！

如您需要了解本公司最新出版書目、購書優惠或企劃活動，歡迎您上網查詢或下載相關資料：http:// www.showwe.com.tw

您購買的書名：______________________________

出生日期：_______年_______月_______日

學歷：□高中（含）以下　□大專　□研究所（含）以上

職業：□製造業　□金融業　□資訊業　□軍警　□傳播業　□自由業

□服務業　□公務員　□教職　□學生　□家管　□其它_____

購書地點：□網路書店　□實體書店　□書展　□郵購　□贈閱　□其他

您從何得知本書的消息？

□網路書店　□實體書店　□網路搜尋　□電子報　□書訊　□雜誌

□傳播媒體　□親友推薦　□網站推薦　□部落格　□其他_________

您對本書的評價：（請填代號　1.非常滿意　2.滿意　3.尚可　4.再改進）

封面設計____　版面編排____　內容____　文／譯筆____　價格____

讀完書後您覺得：

□很有收穫　□有收穫　□收穫不多　□沒收穫

對我們的建議：______________________________

______________________________

______________________________

______________________________

請貼
郵票

11466
台北市內湖區瑞光路 76 巷 65 號 1 樓
**秀威資訊科技股份有限公司** 收
BOD 數位出版事業部

(請沿線對折寄回，謝謝！)

姓　　名：＿＿＿＿＿＿＿＿　年齡：＿＿＿＿　性別：□女　□男

郵遞區號：□□□□□

地　　址：＿＿＿＿＿＿＿＿＿＿＿＿＿＿＿＿

聯絡電話：(日)＿＿＿＿＿＿＿＿(夜)＿＿＿＿＿＿＿＿

E-mail：＿＿＿＿＿＿＿＿＿＿＿＿＿＿＿＿